首批国家级职业教育教师教学创新团队“新形态教材改革系列”之一
新时代新理念职业教育教材·物流类
新型活页式融媒体教材

现代物流概论

（修订本）

主　编　吴砚峰　申会明
副主编　阮晓芳　凌贵光

（扫描二维码，获取配套数字资源）

北京交通大学出版社
·北京·

内 容 简 介

本书以《高等职业学校专业教学标准》为依据进行教学改革而编写，同时在编写过程中也贯彻了《国家职业教育改革实施方案》的要求。

本书根据现代物流业发展要求，将“新技术、新工艺、新规范”纳入了教材内容，对接职业标准和岗位要求，融合“1+X 证书”和竞赛有关知识，行业特点鲜明；每个项目都包含项目导学、引导案例和课后任务等，理论性和实践性兼具。主要内容包括：解读现代物流；走进流通加工；知晓装卸搬运；感受物流包装；体验物流储存；清楚物流配送；摸透物流运输；处理物流信息等。

本书在编写过程中始终坚持理论与实践相结合的原则，每个项目前设计有项目导学和引导案例；针对重点、难点还制作有丰富的视频、动画等课程资源，适应“互联网+”职业教育的泛在学习；每个项目都有课后任务，方便学习者巩固强化；最可贵的是每个项目的职业核心能力测评表、专业能力测评表能很好检验所学知识。因此，本书既可以作为高职高专院校、成人高等院校物流类、工商管理类相关专业的教材和参考书，也可以作为中等职业学校物流管理、电子商务专业的教学用书，还可以作为物流企业的运营管理等相关人员的培训教材和物流行业从业人员的参考用书，也可作为各类工商企业生产经营管理人员的参考书。

图书在版编目（CIP）数据

现代物流概论 / 吴砚峰，申会明主编；阮晓芳，凌贵光副主编. —北京：北京交通大学出版社，2022.8（2025.1 修订）

ISBN 978-7-5121-4775-1

Ⅰ. ① 现… Ⅱ. ① 吴… ② 申… ③ 阮… ④ 凌… Ⅲ. ① 物流－高等职业教育－教材 Ⅳ. ① F252

中国版本图书馆 CIP 数据核字（2022）第 139178 号

现代物流概论
XIANDAI WULIU GAILUN

策划编辑：李运文　　责任编辑：陈跃琴
出版发行：北京交通大学出版社　　电话：010-51686414　　http://www.bjtup.com.cn
地　　址：北京市海淀区高梁桥斜街 44 号　　邮编：100044
印 刷 者：艺堂印刷（天津）有限公司
经　　销：全国新华书店
开　　本：185 mm×260 mm　　印张：13.75　　字数：340 千字
版 印 次：2025 年 1 月第 1 版第 1 次修订　　2025 年 1 月第 2 次印刷
定　　价：49.80 元

本书如有质量问题，请向北京交通大学出版社质监组反映。对您的意见和批评，我们表示欢迎和感谢。
投诉电话：010-51686043，51686008；传真：010-62225406；E-mail：press@bjtu.edu.cn。

前　言

现代物流业是一个新型的跨行业、跨部门、跨区域、渗透性强的复合型产业，既是支撑国民经济发展的基础性、战略性、先导性产业，又是延伸产业链、打造供应链、提升价值链、发展现代产业体系的重要保障。随着《商贸物流高质量发展专项行动计划（2021—2025 年）》、《“十四五”冷链物流发展规划》和《“十四五”现代流通体系建设规划》等的发布，社会各界对现代物流业越来越重视。现代物流业的高质量发展是经济高质量发展的重要组成部分，也是推动社会经济高质量发展不可或缺的重要力量。现代物流体系在国民经济中发挥着基础性作用，国内国际双循环都离不开高效的现代物流体系；同时，现代物流业建设对于促进经济高效循环、形成强大国内市场具有重要意义。

为了深入贯彻新发展理念，服务构建新发展格局，加快现代物流业高质量发展，培养新时代高素质技术技能型“物流人”，弘扬“大国工匠”和劳模精神，我们组织专家团队编撰了现代物流管理专业的系列教材。该系列教材具有以下特点：

（1）响应《国家职业教育改革实施方案》（国发〔2019〕4 号）的要求，及时将“新技术、新工艺、新规范”融入教材，满足现代物流行业企业、高职院校对现代物流人才培养的需要。教材的编写对接了现代物流管理专业国家教学标准，融合“1+X 证书”考核要求，引入物流竞赛的相关内容，实现了“岗课赛证”一体化。

（2）为落实《中华人民共和国职业教育法》的相关要求，推进教师、教材、教法改革，借助信息技术重塑教学形态，教材从教师教学方式、学生学习方式以及教学内容呈现方式等方面着手，打破课堂边界，广泛应用线上线下混合教学，促进自主泛在个性化学习。书中配有丰富的图片、视频与动画资源，适应“互联网+”职业教育需求。对于重点、难点内容，学生通过扫描二维码，可以自主学习与巩固，丰富学习手段和延展学习广度。每个项目都配有项目导学、课后任务、职业核心能力测评表及专业能力测评表，每个模块都能实现过程化考核，推动课堂革命。

（3）本系列教材既是双高计划的物化成果，也是首批国家级职业教育教师教学创新团队的集体智慧结晶，既是广西物流专业职业教育资源库的配套教材，同时也是“课程思政”示范课程的配套教材。课程思政要求在前期教学过程中积极落实课程思政，授课过程中“如盐入水”般融入新时代中国特色社会主义思想的核心要义、价值取向、理论品格和思想方法，教材编写也贯彻了该理念。

本书由吴砚峰、申会明担任主编，阮晓芳、凌贵光担任副主编。本书项目1、8由吴砚峰编写，项目2～4由申会明编写；项目5由阮晓芳编写；项目6由凌贵光编写；项目7由陈颖编写。每个项目的项目导学、引导案例、二维码的课程资源均由申会明编制；课后任务、单元评估由阮晓芳编制。

本书的编写成员，有的长期从事物流专业课程的教学与研究，有的曾长期在物流企业工作过；本书还参考了企业一线工作者的工作实践。正是这样的团队，以认真负责的态度，坚持不懈的努力，花费了大量的心血，在全国抗“疫”的特殊背景下，最终完成了本书的编写任务，显得格外有意义。

为了把“新技术、新工艺、新规范”的内容纳入教材，本书在编写的过程中，得到了诸多物流企业和有关单位的大力支持。他们为本书提供了许多帮助，包括引导案例、平台软件、技术支持，以及图片和视频等，在此表示特别感谢。同时，我们参考的大量国内外有关研究成果，限于篇幅，没能一一列出，在此对所涉及文献的作者表示衷心感谢。本书的编写还得到了北京交通大学出版社编辑老师的全力支持与指导，在此一并表示衷心的感谢。

由于编写时间仓促、水平有限，书中难免有不足之处，敬请各位专家与读者批评指正。

编　者

2022年6月

目　录

项 目 1

解读现代物流

项目导学

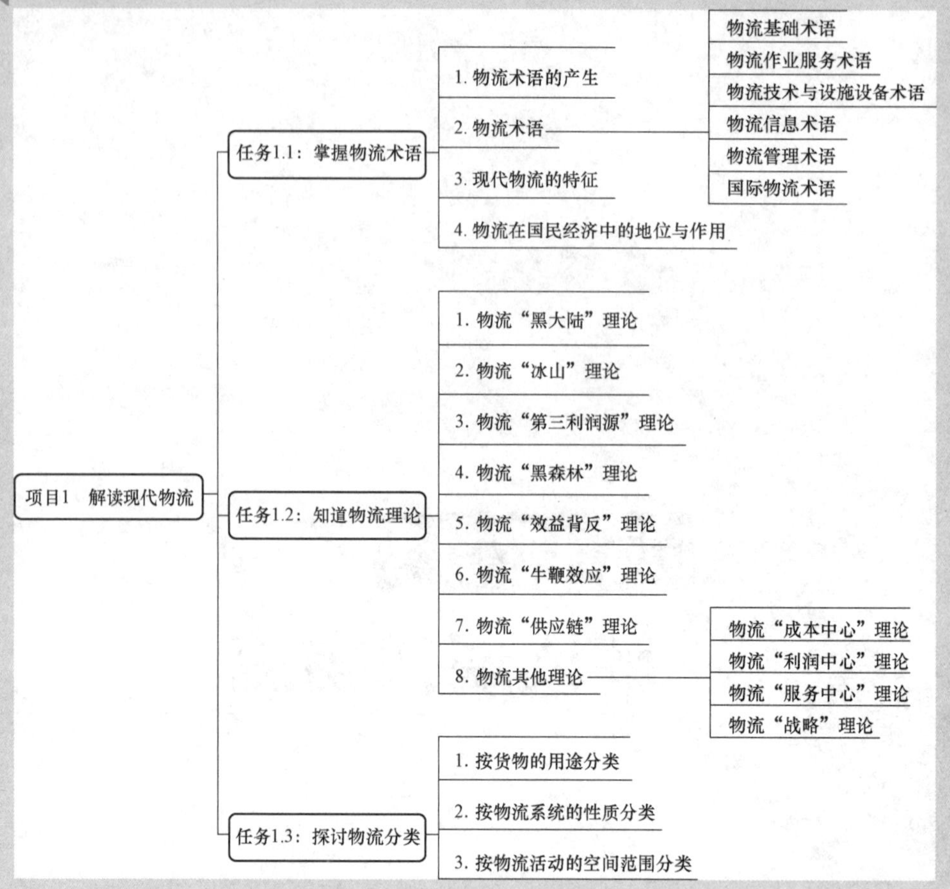

知识目标

1. 了解物流术语的产生过程。
2. 掌握常用基础物流术语。
3. 理解物流的相关理论。
4. 掌握物流八大功能。
5. 了解现代物流业态。
6. 理解现代物流的内涵和特征。

技能目标

1. 能够辨别物流类型。
2. 能够运用物流相关理论分析物流领域的现象。

学习笔记

引导案例

统筹疫情防控，保障供应链稳定，助推中欧经贸高质量发展

在全球新冠疫情反复、世界经济复苏放缓的背景下，中欧双边贸易规模在2021年呈现快速增长势头。中国海关总署数据显示，以美元计算，2021年中国与欧盟进出口总值达8 281.1亿美元，比上年增长27.5%。中国继续保持欧盟第一大贸易伙伴地位，欧盟为中国第二大贸易伙伴。

一、动力之源

面对疫情，中国统筹疫情防控和经济社会发展，稳步推动经济增长，为中欧贸易发展增添助力。德国联邦外贸与投资署总经理于尔根·弗里德里希接受新华社记者书面采访时表示，中国有望连续六年成为德国最大贸易合作伙伴，2021年德中贸易总额将创新高。

列支敦士登VP银行经济学家托马斯·吉策尔表示，变异新冠病毒奥密克戎毒株迅速扩散、全球供应链持续受阻，在这一背景下，来自中国的货物进口对德国外贸增长很重要。

英国董事协会伦敦金融城分会主席约翰·麦克利恩说，在截至2021年第二季度的一年中，中国是英国的第三大贸易伙伴。数据显示，2021年中国与意大利进出口总额同比增长34.1%。意大利对外贸易委员会广州代表处首席代表马西米利亚诺·特雷米泰拉表示，中国在疫情下保持经济增长，“对意大利这一出口导向型国家而言，中国是最重要的市场之一”。

二、稳定之锚

作为全球第一贸易大国，中国在稳定全球供应链、抑制通货膨胀方面发挥积极作用，为中欧经贸发展注入更多的稳定性。作为“一带一路”重要载体，中欧班列在保障国际物流、防疫物资运输畅通以及维护全球供应链稳定等方面发挥着重要作用。截至2021年10月底，中欧班列已铺画73条运行线路，通达欧洲23个国家175个城市。2021年中欧班列共开行1.5万列，同比增长22%，将中国生产的生活必需品和生产资料及时送达欧洲，也为欧洲企业对华出口提供便利。

学习笔记

三、合作之惠

作为国际上的两个重要市场，中欧双方在开辟清洁能源、数字经济和服务业等新领域，以及共同应对全球性挑战方面具有巨大的合作潜力。弗里德里希说，中国是全球重要的增长市场之一，也是克服新冠疫情、气候变化等全球性挑战的重要伙伴。同时，中国是德国企业进口货物最多的国家，在华德企有意愿在生产和研发领域继续在华投资。

麦克利恩表示，英国与中国在制造业、通信与医药等领域双边合作，有助于巩固双边贸易桥梁，推动两国在卫生、人口老龄化、生物多样性等关键性全球议题上实现更紧密的合作。

（资料来源：http://www.chinawuliu.com.cn/zixun/202201/29/570147.shtml）

思考：1. 中欧经贸创新高的原因是什么？

2. 统筹防疫与供应链安全之间是什么关系？

请在此处写下你的分析

任务 1.1 掌握物流术语

1.1.1 物流术语的产生

1. 物流的起源

1905 年，美国陆军少校琼西·贝克在其所著的《军队和军需品运输》中提出了物流概念，叫作“logistics”。1933 年，美国市场营销协会第一次对物流下的定义是：“销售活动中所伴随的物质资料从产地到消费地的种种企业活动，包括服务过程。”1956 年与 1961 年，美国学者先后发表了《物流中航空货运的作用》和《物流管理》；尤其《物流管理》是世界上第一本系统阐述物流管理理论及整体成本概念的教科书。1963 年成立的美国物流管理协会对物流管理的定义是：物流管理是为了计划、执行和控制原材料、在制品库存及制成品从起源地到消费地的有效率的流动而进行的两种或多种活动的集合。而我国引用的“物流”则来源于日本：原来“物流”是一个外来词，来自日文汉字“物流”；不过，“物流”一词也非日本原创。1956 年，日本组织了一支大型的流通技术专业考察团赴美国考察，发现美国人讲的“Physical Distribution（P D）”，即译为“实物分配”或“货物配送”，涉及大量的流通技术，对提高流通领域的劳动生产率很有好处。回国后，考察团在考察报告中对“P D”进行了介绍，随之引起日本产业界的重视，并把“PD”翻译成日语“物の流”，1965 年将其进一步简化称为“物流”。20 世纪 70 年代末，赴日本考察的中国代表团把“物流”引入中国；但是，当时“物流”一词并没有成为社会的热点。

2. 物流的变迁

在不同的社会发展阶段，为适应不同时代的社会需要，名词的定义在不断地进化和完善：“物流”这一名词也不例外。随着经济的发展和社会的变迁，物流的目标由物流活动本身转向了对物流活动进行管理，物流的内涵也随之发生了变化。1985 年，美国物流管理协会将物流的名称从“PD”改为“logistics”，并定义为“以满足顾客需要为目的，对货物、服务及相关信息，从起源地到消费地的有效率、有效益的活动和储存进行计划、执行和控制的过程”。1994 年欧洲物流协会（European Logistics Association，ELA）将物流定义为：“物流是在一个系统内对人员及商品的运输、安排及与此相关的支持活动的计划、执行与控制，以达到特定的目的。”1998 年，美国物流管理协会重新定义物流为：“物流是供应链运作中，以满足客户要求为目的，对货物、服务和相关信息在产出地和消费者之间实现高效率、低成本的正向和反向的流动和储存所进行的计划、执行和控制的过程。”

到了 20 世纪 90 年代以后，全球基本都在使用“logistics”这一物流名词指代“物流”。2001 年，我国正式颁布《物流术语》，将“物流”定义为“物品从供应地向接收地的实体流动过程。根据实际需要，将运输、储存、装卸、搬运、包装、流通加工、配送、信息处理等基本功能有机结合。”随着人们对物流认识的不断加深，物流开始受到社会的广泛关注，并日益成为全社会都认可的专业术语。至今，物流业已经成为支撑国民经济发展的基础性、战略性、先导性产业。在推动经济社会高质量发展中，物流的作用越发明显。

1.1.2 物流术语

1. 国家标准《物流术语》

2001 年 8 月，中华人民共和国国家标准《物流术语》颁布，使社会上对物流有了统一的认识，物流的重要性也越来越凸显了；2006 年，对《物流术语》进行了第一次修订；2021 年，对《物流术语》进行了第二次修订。目前，“物畅其流”已经成为经济社会的共识。可以说，《物流术语》是我国众多物流专家、学者多年研究的智慧结晶，它的出台对统一物流认识、普及物流知识、规范物流标准、引导物流实践、促进物流发展都起着重要作用。

《物流术语》（GB/T 18354—2021）将物流（logistics）定义为：根据实际需要，将运输、储存、装卸、搬运、包装、流通加工、配送、信息处理等基本功能实施有机结合，使物品从供应地向接收地进行实体流动的过程。

从以上的定义可知，物流的内涵包括：物流是一种经济活动，即没有经济性质的社会活动不是物流；物流是一种创造价值的活动，主要包括时间价值、空间价值、加工附加价值；物流是物品从供应地向接收地的流动过程；物流包括运输、储存、装卸、搬运、包装、流通加工、配送、信息处理等 8 个基本功能；物流是物品有效率、有效益的流动，因此研究物流的目的就是提高效率，降低物流成本，从而提高物流效益；物流是不断满足客户需求的过程。

2. 物流基础术语

与物流密切相关的定义很多，“物流的基本概念”即“物流基础术语”有 38 个之多，很多是我们日常生活中常见的术语。下面，根据《物流术语》（GB/T 18354—2021），选择其中 12 个常用术语进行学习。

1）物流管理

物流管理（logistics management）。为达到既定的目标，从物流全过程出发，对相关物流活动进行的计划、组织、协调与控制。

物流管理从宏观上来讲，要在社会主义市场经济体制下，运用管理的基本原理和方法，以物流系统为研究对象，研究现代物流活动中的技术问题和经济问题，以实现物流系统的最佳经济效益，从而不断促进物流业的发展，更好地为社会主义现代化和提高人民生活水平服务。从微观上讲，物流管理就是运用计划、组织、控制、协调四大管理职能，借助现代物流理念和现代物流技术，通过运输、储存、装卸、搬运、包装、流通加工、配送和物流信息处理等物流基本活动，对物流系统各要素进行有效组织和优化配置，以此来解决物流过程中供需之间在时间、空间、数量、品种、价格等方面的矛盾，为各类物流客户提供满足需求的物流服务。

物流管理的目的是遵循 7R 原则，以恰当的物流成本向顾客提供恰当的物流服务。即在恰当的时间（right time），以恰当的价格（right price），将恰当数量（right

quantity)、恰当质量（right quality）的恰当商品（right commodity）送到恰当地点（right place）。

2）货物

货物/物品（goods）。经济与社会活动中实体流动的物质资料。

3）物流服务

物流服务（logistics service）。为满足客户物流需求所实施的一系列物流活动过程及其产生的结果。

4）第三方物流

第三方物流（third party logistics）。由独立于物流服务供需双方之外且以物流服务为主营业务的组织提供物流服务的模式。

5）供应链

供应链（supply chain）。生产及流通过程中，围绕核心企业的核心产品或服务，由所涉及的原材料供应商、制造商、分销商、零售商直到最终用户等形成的网链结构。

6）供应链管理

供应链管理（supply chain management）。从供应链整体目标出发，对供应链中采购、生产、销售各环节的商流、物流、信息流及资金流进行统一计划、组织、协调、控制的活动和过程。

7）物流中心

物流中心（logistics center）。具有完善的物流设施及信息网络，可便捷地连接外部交通运输网络，物流功能健全，集聚辐射范围大，存储、吞吐能力强，为客户提供专业化公共物流服务的场所。

8）配送中心

配送中心（distribution center，DC）。具有完善的配送基础设施和信息网络，可便捷地连接对外交通运输网络，并向末端客户提供短距离、小批量、多批次配送服务的专业化配送场所。

9）物流园区

物流园区（logistics park）。由政府规划并由统一主体管理，为众多企业在此设立配送中心或区域配送中心等，提供专业化物流基础设施和公共服务的物流产业集聚区。

10）物流模数

物流模数（logistics modulus）。物流设施、设备或货物包装的尺寸基数。

11）物流技术

物流技术（logistics technology）。物流活动中所采用的自然科学与社会科学方面的理论、方法，以及设施、设备、装置与工艺的总称。

12）物流成本

物流成本（logistics cost）。物流活动中所消耗的物化劳动和活劳动的货币表现。

另外，物流的基础术语还有一体化物流服务（integrated logistics service）、物流节点（logistics node）、物流网络（logistics network）、物流合同（logistics contract）、物流联盟（logistics alliance）、精益物流（lean logistics）、绿色物流（green logistics）、智慧物流（smart logistics）、应急物流（emergency logistics）、逆向（反向）物流（reverse logistics），等等。

3. 物流的其他常用术语

根据中华人民共和国国家标准《物流术语》（GB/T18354—2021）的规定，除了物流基础术语之外，还有物流作业服务术语、物流技术与设施设备术语、物流信息术语、物流管理术语和国际物流术语。

1）常用物流作业服务术语

① 无车承运人（non-truck operating carrier，NTOC）。不拥有货运车辆，以承运人身份与托运人签订运输合同、承担承运人责任和义务，并委托实际承运人完成运输服务的道路货物运输经营者。

② 零担运输（less-than-truck-load transport）。一批货物的重量、体积、形状和性质不需要单独使用一辆货车装运，并据此办理承托手续、组织运送和计费的运输活动。

③ 多式联运（multimodal transportation；intermodal transportation）。货物由一种运载单元装载，通过两种或两种以上运输方式连续运输，并进行相关运输物流辅助作业的运输活动。

④ 班列（scheduledrailway express）。按照固定车次、线路、班期、全程运输时刻开行的铁路快运货物列车。

⑤ 仓单（warehouse receipt）。仓储保管人在与存货人签订仓储保管合同的基础上，按照行业惯例，以表面审查、外观查验为一般原则对存货人所交付的仓储物品进行验收之后出具的权利凭证。

⑥ 补货（replenishment）。为保证物品存货数量而进行的补充相应库存的活动。

⑦ 配载（load matching planning）。根据载运工具和待运物品的实际情况，确定应装运货物的品种、数量、体积及其在载运工具上的位置的活动。

⑧ 订货提前期（order lead-time）。客户从发出订货单到收到货物的时间间隔。

⑨ 合同物流（contract logistics）。物流经营者通过整合、管控资源，按照合同约定的时间、地点、价格等内容为物流需求方提供的物流服务模式。

2）常用物流技术与设施设备术语

① 物流设施（logistics facilities）。用于物流活动所需的、不可移动的建筑物、构筑物及场所。

② 立体仓库（stereoscopic warehouse）。采用高层货架，可借助机械化或自动化等手段立体储存物品的仓库。

③ 货架（rack）。由立柱、隔板或横梁等结构件组成的储物设施。

④ 叉车（fork lift truck）。具有各种叉具及属具，能够对物品进行升降和移动以及装卸作业的搬运车辆。

⑤ 自动导引车（automatic guided vehicle，AGV）。在车体上装备有电磁学或光

学等导引装置、计算机装置、安全保护装置，能够沿设定的路径自动行驶，具有物品移载功能的搬运车辆。

⑥ 托盘（pallet）。在运输、搬运和存储过程中，将物品规整为货物单元时，作为承载面并包括承载面上辅助结构件的装置。

3）常用物流信息术语

① 电子运单（electronic waybill）。物流过程中，将物品原始收发等信息按一定格式存储在计算机信息系统中的单据。

② 物流系统仿真（logistics system simulation）。借助计算机仿真技术，对物流系统建模并进行实验，得到各种动态活动过程的模拟记录，进而研究物流系统性能的方法。

③ 电子通关（electronic customs clearance）。对符合特定条件的报关单证，海关采用处理电子单证数据的方法，利用计算机完成单证审核、征收税费、放行等海关作业的通关方式。

④ 地理信息系统（geographical information system，GIS）。在计算机技术支持下，对整个或部分地球表层（包括大气层）空间中的有关地理分布数据进行采集、储存、管理、运算、分析、显示和描述的系统。

⑤ 智能运输系统（intelligent transport system，ITS）。在较完善的交通基础设施上，将先进的科学技术（信息技术、计算机技术、数据通信技术、传感器技术、电子控制技术、自动控制理论、运筹学、人工智能等）有效地综合运用于交通运输、服务控制和车辆制造，加强车辆、道路、使用者三者之间的联系，从而形成的一种保障安全、提高效率、改善环境、节约能源的综合运输系统。

⑥ 电子订货系统（electronic ordering system，EOS）。不同组织间利用通信网络和终端设备进行订货作业与订货信息交换的系统。

4）常用物流管理术语

① 安全库存（safety stock）。用于应对不确定性因素而准备的缓冲库存。

② 物流资源计划（logistics resource planning，LRP）。以物流为手段，打破生产与流通界限，集成制造资源计划、能力资源计划、配送资源计划以及功能计划而形成的资源优化配置方法。

③ 物流外包（logistics outsourcing）。企业将其部分或全部物流的业务交由合作企业完成的物流运作模式。

④ 仓配一体（integration of warehousing and distribution）。为客户提供一站式仓储与配送服务的运作模式。

⑤ 存货控制（inventory control）。使库存物品的种类、数量、时间、地点等合理化所进行的管理活动。

⑥ 供应商管理库存（vendor managed inventory，VMI）。按照双方达成的协议，由供应链的上游企业根据下游企业的需求计划、销售信息和库存量，主动对下游企业的库存进行管理和控制的库存管理方式。

5）常用国际物流术语

① 中欧班列（China-Europe freight express）。按照固定车次、线路、班期和全程运行时刻开行，运行于中国与欧洲以及“一带一路”沿线国家间的集装箱等铁路国际联运列车。

② 出口退税（drawback）。国家实行的由国内税务机关退还出口商品国内税的措施。

③ 原产地证明（certificate of origin）。出口国（地区）根据原产地规则和有关要求签发的，明确指出该证中所列货物原产于某一特定国家（地区）的书面文件。

④ 保税物流（bonded logistics）。在海关特殊监管区域或者场所，企业从事仓储、配送、运输、流通加工、装卸搬运、物流信息、方案设计等业务时享受海关实行的“境内关外”管理制度的一种物流服务模式。

⑤ 海外仓（overseas warehouse）。国内企业在境外设立，面向所在国家或地区市场客户，就近提供进出口货物集并、仓储、分拣、包装和配送等服务的仓储设施。

⑥ 自由贸易试验区（pilot free trade zone）。在主权国家或地区的关境内，设立的以贸易投资便利化和货物自由进出为主要目的特定区域。

4. 物流的统计指数术语

1）物流业景气指数

物流业景气指数体系主要由业务总量、新订单、从业人员、库存周转次数、设备利用率、平均库存量、资金周转率、主营业务成本、主营业务利润、物流服务价格、固定资产投资完成额、业务活动预期 12 个分项指数和一个合成指数构成。其中合成指数由业务总量、新订单、从业人员、库存周转次数、设备利用率 5 项指数加权合成，称为中国物流业景气指数，英文缩写为 LPI（logistics prosperity index）。物流业景气指数 LPI 反映物流业经济发展的总体变化情况，以 50%作为经济强弱的分界点，高于 50%时，说明物流业经济扩张；低于 50%时，说明物流业经济收缩。中国物流业景气指数具有前瞻性和时效性优势，能够实现对物流行业发展与运行状况的动态监测、预测和预警，为政府加强和改善宏观调控提供依据，为企业经营提供参考。中国物流业景气指数反映的是物流行业的整体运行状况、发展趋势、周期性特征，以及与国民经济运行的关系和影响。

① 业务总量指数。物流企业完成物流活动的业务数量变化情况，可以折射出市场需求状况。

② 新订单指数。物流企业承接客户业务的订单数量变化情况，预示物流行业发展趋势。

③ 从业人员指数。物流企业从事物流业务活动人员数量变化情况，反映整体物流行业的景气程度。

④ 库存周转次数指数。反映物流企业在一定时间内库存周转次数变化情况，表明流通领域中货物供需的活跃程度和市场需求的变动趋势。

⑤ 设备利用率指数。物流企业在经营活动中使用的相关设备、设施的利用程度变化情况，反映物流活动对基础设施和设备的需求状况。

⑥ 平均库存量指数。反映物流企业储存保管的客户货物数量变化情况。

⑦ 资金周转率指数。物流企业在一定时间内资金周转次数变化情况，反映物流企业的资金利用效率，可以折射整个经济运行活跃状况。

⑧ 主营业务成本指数。反映物流企业的成本增减变化情况，能体现行业面临的成本状况。

⑨ 主营业务利润指数。反映物流企业主营业务利润增减变化情况，体现物流行业整体经济效益的变动状况。

⑩ 物流服务价格指数。物流企业从事物流活动所收取的费用变化情况，反映物流市场价格行情的变动状况和变化趋势。

⑪ 固定资产投资完成额指数。物流企业为满足经营活动需要而完成的固定资产投入变化情况，反映当期企业的经营投入状况，预示企业对未来发展前景的判断。

⑫ 业务活动预期指数。物流企业在未来三个月内业务活动整体水平变化情况，预示短期内物流活动与经济发展的活跃程度。

2）采购经理指数

采购经理指数（purchasing managers' index，PMI），是通过对企业采购经理的月度调查结果统计汇总、编制而成的指数。它涵盖了企业采购、生产、流通等各个环节，是国际上通用的监测宏观经济走势的先行性指数之一，具有较强的预测、预警作用。PMI 通常以 50%作为经济强弱的分界点，PMI 高于 50%时，反映制造业经济扩张；低于 50%时，则反映制造业经济收缩。

体系涵盖生产与流通、制造业与非制造业等领域，是国际上通行的宏观经济监测指标体系之一，对国家经济活动的监测和预测具有重要作用。中国采购经理指数（PMI）由中国物流与采购联合会与国家统计局共同合作编制，每月最后一天在中央电视台新闻联播节目中发布，已成为国内知名、世界有影响的观察中国经济走向的“风向标”。

3）仓储指数

仓储指数体系是一套立足于仓储企业，通过快捷的调查方式，以翔实、动态的数据信息，反映仓储行业经营和国内市场主要商品供求状况与变化趋势的指标体系。中国仓储指数由期末库存、新订单、平均库存周期次数和从业人员 4 个权重指数合成。

4）电商物流运行指数

电商物流运行指数调查的地区覆盖全国（除港澳台外）各省、自治区和直辖市。其调查方法以平台数据和企业调查相结合，平台数据来自京东集团电商物流信息平台，被调查单位主要是服务于电商物流的快递企业。中国电商物流运行指数分为同比指数、环比指数和定基指数，其中定基指数以 2015 年 1 月为基期，基期指数设定为 100。

5）公路物流运价指数

公路物流运价指数（freight price index，FPI）是反映我国经济领土范围内，某个时期公路物流运输价格变动程度和变动趋势的主要指标。中国公路物流运价是一套立足于微观公路运输车辆的承运人、承运单位，运用大数据的方法，通过对公路物流平台运价数据的挖掘，以翔实、动态的数据信息反映国内各类公路运输的状况和发展变化趋势的指标体系。公路物流运价指数包含了反映不同车辆类型、不同区域以及各主要线路的公路物流运价。通过整个指数体系的综合变化可观察行业内乃至国民经济运行的发展状况和变化规律。

6）中国快递发展指数

中国快递发展指数（China express development index，CEDI）是基于中国快递发展的基本特征、规律，对一定时期中国快递发展程度的量化评价，以2010年为基期，基期指数设定为100。中国快递发展指数指标体系包含发展规模指数、服务质量指数、发展能力指数和发展趋势指数4个一级指标和11个二级指标。其中，发展规模指数包括业务量和业务收入2个二级指标，服务质量指数包括公众满意度、72小时准时率和用户申诉率3个二级指标，发展能力指数包括快递深度、网点密度、劳动生产率和支撑网络零售额4个二级指标，发展趋势指数包括业务增长预期和快递资本市场预期2个二级指标。中国快递发展指数评价采用指数评价方法，以2016年3月为基期，基期指数设定为100，通过标准值实现数据的无量纲化，通过加权合成中国快递发展指数。

7）中国快递物流指数

中国快递物流指数是一套立足于商务快件业务变化，通过监测行业、地区、市场主体使用商务快件情况，反映产业活动态势和快递物流行业发展的综合指标体系。

① 商务快件指数。反映商务领域快递业务量增长变化情况，可分为企业性质、行业、地区、经济区域等分类指数。

② 农村快件指数。反映农村地区快递需求增长和经济活动变化情况。

③ 跨境快件指数。反映跨境业务活动变化情况。

④ 时效指数。反映快递物流服务完成时间的变化情况，是评价快递服务效率的指标。

⑤ 质量指数。反映快递物流服务质量变化情况，是评价快递服务水平的指标。

⑥ 人员指数。反映快递物流从业人员规模变化情况。

⑦ 成本指数。快件成本主要指包括一线人员工资、一线管理费用、包装费用、场地租赁费用等在内的直接费用，通过比较快件单位成本变化情况，反映快递物流经营效益水平。

⑧ 便利度指数。评价快递物流企业外部营商环境，包括通行便利、政务服务便利、公共设施便利和投送便利4个方面。

1.1.3 现代物流的特征

物流与现代化社会大生产紧密相连，体现了现代物流企业经营和社会经济发展的需要。在现代物流运营中，广泛采用代表当今生产力发展水平的管理技术、工程技术以及信息技术等现代化技术。随着时代的进步，物流管理和物流活动的现代化程度也会不断提高，“现代物流”在不同的时期也会被赋予不同的内涵和特征。

1. 物流整体系统化

物流不是包装、运输、仓储、装卸搬运、流通加工等活动的简单叠加，而是通过彼此的内在联系，在共同目的下形成的一个完整的系统，构成系统的功能要素之间存在着相互作用的关系。在考虑物流最优化的时候，必须从系统的角度出发，通过物流功能的最佳组合实现物流整体的最优化目标。局部的最优化并不代表物流系统整体的最优化。树立系统化观念是做好物流管理、开展现代物流活动的重要基础。

2. 物流作业信息化

现代物流可以理解为物资的物理性流通与信息流通的结合，信息在实现物流系统化和物流作业一体化方面发挥着重要作用。传统物流的各个功能要素之间缺乏有机的联系，对物流活动的控制属于事后控制。而现代物流通过信息将各项物流活动有机结合在一起，通过对信息的实时掌握，控制物流系统按照预定的目标运行。准确地掌握信息，如库存信息、采购信息、运力信息等，可以减少低效率、非增值的物流活动，提高物流效率和物流服务的可靠性。现代信息技术、通信技术、网络技术，甚至区块链等广泛应用于物流信息的处理和传输过程中，物流各个环节之间、物流部门与其他相关部门之间、不同企业之间的物流信息交换、传递和处理可以突破空间和时间的限制，保持真实物流与信息流的高度统一和对信息的实时处理。

3. 物流手段现代化

在现代物流活动中，广泛使用先进的运输、仓储、装卸搬运、包装及流通加工等手段。运输手段的丰富化、大型化、高速化、专用化，装卸搬运机械的自动化，包装的单元化，仓库的立体化、自动化，以及信息处理和传输的电子化、网络化等，为开展现代物流提供了物质保证。

4. 物流服务社会化

在现代社会中，物流业得到充分发展，企业对物流的需求通过物流服务社会化来满足，其比重在不断提高；第三方物流形态逐步成为现代物流行业的主流；物流产业在国民经济中发挥着重要作用。

5. 物流管理专门化

目前，企业物流活动开始由专门的部门负责，而不再依附于其他部门，物流管理技术日趋成熟。越来越多的科技企业主导物流管理，科技赋能物流，使物流管理专业化趋势日益明显。

6. 物流反应快速化

在现代物流信息系统、作业系统和物流网络的支持下，物流适应需求的反应速度快，物流前置时间缩短。及时配送、快速补充订货、VMI 等，以及迅速调整库存结构的能力在不断增强，物流响应的速度越来越快。

7. 物流节点网络化

随着生产和流通空间范围的扩大，为了保证商品高效率分销和材料及时供应，现代物流需要有完善、健全的物流网络体系。网络上点与点之间的物流活动保持着系统性、一致性，从而保证整个物流网络有最优的库存水平及库存分布，将干线运输与支线末端配送结合起来，形成快速灵活的供应通道。

8. 物流需求柔性化

随着消费者需求的多样化、个性化，物流需求呈现出小批量、多品种、高频次的特点，从而造成订货周期变短，时间性增强，物流需求的不确定性提高。物流需求柔性化就是要以服务对象的物流需求为中心，对顾客的需求做出快速反应，及时调整物流作业，同时可以有效地控制物流成本。

9. 物流运营精益化

精益生产涉及准时化生产、全面质量管理、团队作业等工作方式。精益化的核心思想是以尽可能少的生产要素创造出尽可能多的客户需求价值。物流精益化运作的基本原则是降低成本、提高效率、提升价值，以顾客或用户为市场链，创造价值链和作业过程无缝连接的供应链。

10. 物流分工国际化

随着经济全球化进程的加快，自然资源的分布和国际分工促进了国际贸易、国际投资、国际经济技术的合作，产生了商品和货物的转移，从而带动了国际运输和国际物流的产生和发展。物流分工国际化主要表现在两个方面：一是相关领域的国际化产生了国际物流的需求；二是物流领域本身的国际化，如跨境物流的发展。

当然，随着社会的进步，现代物流还有准时化、集约化、无人化、低碳化、智慧化、平台化等特征；尤其在科技赋能的当下，物流运营的平台化趋势不可逆转；同时，数字经济深刻影响物流行业发展，智慧物流亦将大行其道。

1.1.4 物流在国民经济中的地位与作用

1. 物流在国民经济中的地位

1）物流是国民经济的动脉，是连接国民经济各个部分的纽带

一个国家的经济是由众多的产业、部门和企业组成的整体，而这些部门、企业又分布在全国不同的地区，属于不同的所有者。物流通过不断输送各种物质产品，使生产者不断获得原材料、燃料，以保证生产过程的正常进行，又不断将产品运送给不同的需求者，使这些需求者的生产、生活得以正常进行。这些相互依赖的实体，是依靠物流来联系的。物流使国民经济成为一个有内在联系的整体。

2）物流技术的进步是决定国民经济生产规模和产业结构变化的重要因素

物流技术的进步和发展促进了生产的社会化、专业化、规范化。畅通的物流有利于社会分工和生产的集中化、规模化。经济社会越发展，社会化分工越细致，导致社会化分工受到物流的制约，因而对物流提出了更高的要求；也有许多产业是在物流提供了该产业与消费者的联系条件之后才发展起来的，如水泥产业。在物流不发达时，最初生产出来的水泥无法实现远程运输，因而限制了水泥产业的发展；运输技术和条件改善后，创造了水泥运输的物流条件，水泥的专业化生产方式才得以实现。又如，冷链产品类的肉类、蔬菜、水果等农副产品的规模化生产受到原来低水平物流技术的限制，也不能满足其流通要求，从而促使物流改进技术：先进的储存、保管、包装、运输技术又推动了农业、食品工业的发展。

3）物流是企业不断生产的前提保证，也是实现商品流通的基础

国民经济是一个不断生产和不断消费的循环过程。物流是企业不断进行生产的外部环境和前提保证。一个企业要正常地生产运输，必须要有这样的外部条件：一方面，要按照生产需要的数量、质量、品种、规格和时间，不间断地向企业提供原材料、燃料、零部件、工具和设备等生产资料；另一方面，企业又必须把自己生产的产品和半成品不断地供给其他企业和用户。企业的生产运行正是依靠物流及其他有关活动来提供保证的。在生产企业内部，各种物资在各个生产场所和工序间的相继传递，是依靠生产工艺中持续的物流活动完成的，物流是保证企业生产顺利进行的前提条件，物流是实现商品流通的物质基础。商品流通是商流与物流的有机结合，没有畅通的物流，就无法完成商品流通过程。物流能力的大小，直接决定了商品流通的规模和速度，物流是保证市场上商品供给的重要因素。

2. 物流在国民经济中的作用

物流构成商品流通的物质内容，没有物流就无法实现商品流通，社会再生产也就无法进行。物流活动的合理化以及物流费用的节减，对于稳定物价、促进生产和消费的协调发展起到了重要的作用。根据中国物流与采购联合会的统计数据，2021年我国物流市场规模稳步扩张，物流业总收入超过11万亿元，市场收入有望保持15%以上的增长速度。据初步测算，2021年全国社会物流总额为335.2万亿元，社会物流总费用与GDP的比率为14.6%，行业营商环境持续改善，物流运行实现稳中有进。合理化的物流活动在国民经济中的作用体现在以下5方面。

1）物流能够使商品的价值及其使用价值得以实现

物流是实现商品价值和使用价值的条件。无论是生产资料还是生活资料，在其进行生产性消费和生活性消费之前，其价值和使用价值都是潜在的。物流就是把这些潜在的价值和使用价值变成现实的价值和使用价值的关键。合理的物流能按照生产的需要及时为企业生产提供劳动资料和劳动对象，从而促进企业生产的迅速发展。物流可以将生产资料按质按量地供应给生产企业，实现其价值和使用价值。合理的物流可以将企业生产的生活资料及时、准确地送到消费者手中，实现其价值和使用价值。一方面，物流可以有效地促进资金的周转和货币的回笼，促进社会再生产的进行；另一方面，物流可以不断地满足消费者对生活资料的需求，提高人民的生活质量。

2）物流能够提高经济效益，起到第三利润源的作用

在物流过程中，需要消耗和占有一定的生产资料，合理的物流能够节约大量的生产资料。对物流过程进行合理控制，不仅可以减少生产资料在流通环节中的损耗，而且可以在生产资料综合利用、节约代用、加工改制等方面起到积极作用，充分发挥生产资料的效用。合理的物流能消除迂回运输、相向运输、过远运输等不合理运输，在节约运力方面发挥重要作用。一切不合理的运输都会延长商品的运输时间，增大在途物资的数量，增加企业成本。合理的物流可以控制企业的商品库存，减少不必要的物资储存，加速物资周转，更好地发挥现有物资的效用。在物资数量不变的情况下，停留在流通过程中的物资越多，停留时间越长，社会占用资金越多，投

入消费的物资越少，其效用发挥得越少。同时，储存在仓库中的物资或多或少都会有价值损失，还要增加储存费用，合理的物流会使这种损失降到最低程度。

3）物流能够最大限度地满足社会和人们的物质文化需要

合理的物流，既可以最大限度地满足社会和人们日益增长的物质文化需要，又可以促进人们的思想开放和观念更新。合理的物流会使区域经济及其与外界交流活跃，增加人员交往，因而有利于人们开阔视野，启迪思维，促进观念的更新和社会的进步。

4）物流能增加财政收入

合理的物流能够成为国家或地区财政收入的主要来源，并带来大量的就业领域。目前，全国A级物流企业近8 000家，物流企业和个体工商户等市场主体超过600万家，物流就业人员超过5 000万人。物流信息技术成为科技进步的主要发源地和现代科技的应用领域，自动驾驶卡车、配送机器人、数字智能仓库等新一代技术装备已经开始商业化应用，一批典型的物流企业深度融入制造业供应链，支撑中国制造迈向中高端。

任务1.2　知道物流理论

目前，物流理论大体上有以下几种，如图1-1所示。

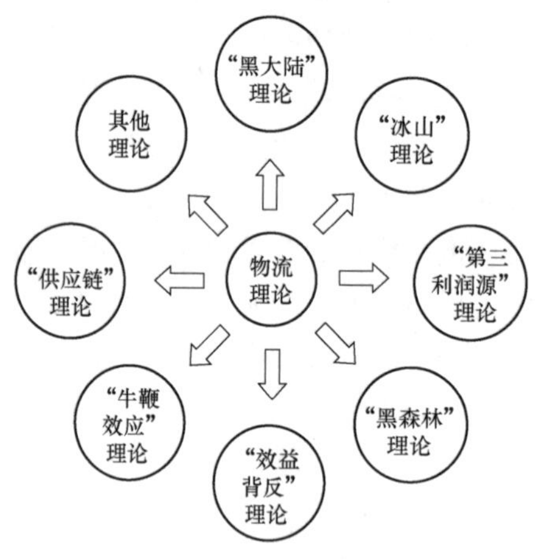

图1-1　物流理论

1.2.1　“黑大陆”理论

1962年，美国著名学者彼得·德鲁克在《财富》杂志上发表了《经济领域的黑色大陆》一文，用了“黑大陆”这个概念。彼得·德鲁克认为：“流通是经济领域里的黑大陆”，相对而言物流问题尤为突出。因此，以后的“黑大陆”说法都主要是针对物流，因为我们对物流领域很多东西还缺乏透彻的了解，尤其是物流成本。当初，

彼得•德鲁克主要从物流费用角度指出：物流成本太高，在于缺乏对于物流的认知，以此论证物流是“黑大陆”。为了认识物流的“黑大陆”，美国二十世纪财团组织了大规模调查，结论是“流通费用确实太高”。其中一个重要数据是：以商品零售价格为基数计，社会流通费用竟然占到了 59%，而其中大部分是物流费用。这种清晰的定量分析进一步为物流系统运作和理论研究奠定了基础。“黑大陆”说也比较正确地评价了物流，认为物流这个领域未知的东西太多了，理论和实践都不够成熟，这也意味着物流可以产生的利润空间极大。

1.2.2 “冰山”理论

物流 “冰山”理论是专门针对物流成本而言的。日本早稻田大学西泽修教授把物流成本的状况比做“物流冰山”。西泽修教授在专门研究物流成本时发现，依靠当时的财务会计和会计核算方法，不可能掌握物流费用的实际情况。人们对物流费用的了解是一片空白，甚至有很大的虚假性，就像沉在水面下的冰山一样，露出水面的部分仅仅是冰山的一小部分，而沉在水面下的部分是人们看不到的。人们能够清楚地看到的不过是物流成本的一小部分，大部分沉在水面之下，尤其是我们根据现有的数据认识到的物流成本，远远不足以反映实际的物流成本。西泽修教授对物流成本的具体分析论证了德鲁克的“黑大陆”理论，说明物流领域对我们来说不清楚和未知的东西太多。黑大陆的未知区域和冰山的水下部分，正是物流需要开发的领域，也是物流的潜力所在和吸引人之处。

1.2.3 “第三利润源”理论

物流“第三利润源”理论也是日本早稻田大学西泽修教授提出的观点。他认为，纵观历史，曾有两个大量产生并提供利润的领域，都是覆盖面广而且规模宏大的领域：一个是物质资源，这是劳动对象领域；另一个是人力资源，这属于劳动者领域。现在有了第三个领域，即物流领域。西泽修教授从企业角度论证，认为物流可以直接或间接为企业提供大量的利润，是形成企业利润的主要活动。如此一来，企业利润主要来源就变成了三个，即资源、人力和物流。后来人们将其扩展到国民经济这个大范围，认定物流也是国民经济中创造利润的三个主要领域之一。

“第三利润源”将物流与经济效益搭上了关系，随着经济的发展，又有了不少新概念，例如在“第三利润源”之后又提出了“第四利润源”，即供应链。最初的物流只是经济活动的相关组成部分或者是经济活动的派生与附属，并不直接形成利润。物流发展成独立经济活动后，才有了直接获取利润的条件和能力。物流是利润源的科学认识颠覆了物流服务排斥利润的说法：物流不但可以有利润，而且还是利润的源泉。所以，第三利润源的定位赋予了物流新的生命力，这是近几十年物流在世界范围能够获得巨大发展的一个重要原因。

1.2.4 “黑森林”理论

物流“黑森林”理论是由美国学者提出的，该学者认为物流整体效应如同森林。

物流过程不是单纯地追求各项功能要素最优化，而是追求整体效果最优化。物流过程包括一系列活动，如包装、装卸搬运、运输、储存、配送、流通加工等。物流的总体效果是森林的效果，可以归纳成一句话“物流是一片森林而非一棵棵树木”。用物流森林的结构概念来表述物流的整体观点，而物流是一种“结构”，对物流的认识不能只见功能要素，不见结构要素，“不能只见树木不见森林”，物流的总体效果便是森林的效果。即使是像森林一样多的树木，如果孤立存在，没有连成片，也不是森林。例如，单纯的运输、仓储就不能叫物流；将运输、储存、包装等功能综合经营才能称其为物流。

1.2.5 “效益背反”理论

效益背反（trade off）即二律背反（或称效益悖反），表示两个同样正确的命题之间也会存在相互排斥的矛盾。物流“效益背反”理论指物流的若干功能要素之间，存在着损益的矛盾，即在某一功能要素的优化和利润产生的同时，必然会存在另一个或另几个功能要素利益的损失，反之亦然。虽然在许多领域中，这种现象都存在，但是在物流领域中，这种现象尤其突出。如在物流配送中就存在提高配送服务质量、增加企业商誉与因服务质量提高而增加配送成本进而降低企业利润的矛盾。物流系统的效益背反包括两方面，即物流成本与物流服务质量间的二律背反以及各物流功能要素相互间的效益背反。在现代物流企业运营理念中，单纯的、局部的成本控制收效有限，因此，第三方物流企业在进行物流成本控制时不再倡导以职能部门为单位分块对物流成本进行孤立管控，而逐步转向通过系统化对物流服务活动进行整体优化与管理，通过协调物流成本与物流服务水平、各物流功能要素间的关系寻求最大效益均衡点。

在认识“效益背反”规律之后，物流科学充分认识了物流要素的功能，寻求各种办法去解决和克服各功能要素之间的效益背反现象，不是片面追求某个功能要素的优化，而是追求物流的总体最优化。将物流细分为若干功能要素，将包装、运输、储存等功能有机地联系起来作为一个整体来认识物流，进而有效地解决“效益背反”问题。追求物流整体效果最佳，正是物流领域一个新的发展趋势。

1.2.6 “牛鞭效应”理论

“牛鞭效应”是供应链上的一种需求变异放大（方差放大）现象，是信息流从最终客户端向原始供应商一端传递时，无法有效地实现信息的共享，使得信息扭曲而逐级放大，导致了需求信息出现越来越大的波动。这种信息扭曲的放大作用在图形显示上很像一根甩起的赶牛鞭，因此被形象地称为“牛鞭效应”。牛鞭效应有时称作“蝴蝶效应”，它形容南美洲的一只蝴蝶扑扇一下翅膀就可能引起了佛罗里达的风暴。在经济生活中，因为一些企业出现了这种现象，导致整个国家的生产能力过剩。“牛鞭效应”是供应链的固有属性，即供应链上的各企业对信息的曲解沿着下游向上游逐级放大的现象。“牛鞭效应”会使各企业的库存信息扭曲、不真实，也就是信息失真；进而严重影响供应链的效率，导致了供应链物流成本上升。“牛鞭效应”是供应

链上的一种需求变异放大现象，会引起供应链中巨大的损失，即它会误导生产计划，导致过多的库存投资、收益减少，并且降低了服务水平，甚至引起无效运输等。由于牛鞭效应是由供应链本身的结构决定的固有特性，是无法消除的。因此，最大限度地削弱牛鞭效应的影响，成为提高整个供应链效率、实现供应链管理目标的关键。

1.2.7 “供应链”理论

物流科学的形成，给物流注入了系统的思想。系统是指同类或相关事物按照一定的内在联系组成的，相对于环境而言具有一定目的和功能的相对独立的整体。物流系统是由运输、储存、包装、装卸、搬运、配送、流通加工、信息处理等子系统组成的整体，各个子系统之间有机联系并使物流总体功能合理化。

供应链是指从采购开始经过生产、分配、销售最后到用户而形成的一定流量的环环相扣的链。物流受供应链的制约，物流的供应链理论强调的是对物流链节及其接口的总体管理。现代管理和技术可以提供总体的信息使整个链共享，这样就可以扩展物流视野，使管理者能从总体上管理整个供应链，而不是像过去那样只管各个链节之间的接口或只管理其中一部分。供应链管理实际上就是把物流和企业的全部活动作为一个统一的过程来管理。

1.2.8 其他物流理论

1. 物流“成本中心”理论

物流“成本中心”理论认为，物流在整个企业战略中，只对企业营销活动的成本产生影响，物流是企业成本的重要产生点。因此，要解决物流问题，主要是通过物流管理使物流的一系列活动达到成本的降低。所以，物流“成本中心”理论既表示物流是指主要成本的产生点，又表示物流是指降低成本的关注点。

2. 物流“利润中心”理论

物流“利润中心”理论认为，物流可以为企业提供大量直接或间接的利润，是形成企业经营利润的主要活动，也是国民经济中营利的主要活动。

3. 物流“服务中心”理论

物流“服务中心”理论，主要是美国和欧洲一些国家的学者对物流的认识。该理论认为，物流活动最大的作用并不在于企业减少了消耗、降低了成本或增加了利润，而在于提高了企业对用户的服务水平，进而提高了企业在市场上的竞争能力。该理论特别强调物流的服务职能，通过物流的服务保障，企业以其整体能力来压缩成本、增加利润。

4. 物流“战略”理论

物流“战略”理论是比较盛行的一种理论。该理论认为物流更具有战略性，是企业的发展战略，而不是一项具体的操作任务。这种说法把物流放到了很高的位置。物流管理不仅要完成好其中的单一环节，如运输、包装、储存等，而且要注重物流的整体效益。物流效益的高低是影响企业总体生存和发展的大问题。

提示：一般而言，美国人对物流的主体认识可以理解为“服务中心”型；欧洲人对物流的主体认识可以概括为“成本中心”型。显然，“服务中心”型主张的是总体效益，而“成本中心”型主张的是间接效益，而日本人的“利润中心”型主张的是直接效益。

任务 1.3 探讨物流分类

物流的分类，不但可以按货物的用途分类，如医药物流、军事物流、应急物流、农产品物流等；而且可以按货物流性质分类，如危化品物流、普通货物流；还可以按货物的重量分类，如大件物流、快递物流等。另外，随着物流新业态的不断涌现，既可以按物流活动的空间范围分类，如国内物流、国际物流、跨境物流等；又可以按物流系统的性质分类，如社会物流、地区物流、行业物流、企业物流、第三方物流等；还可以按物流功能分类。常见物流分类如图 1–2 所示。

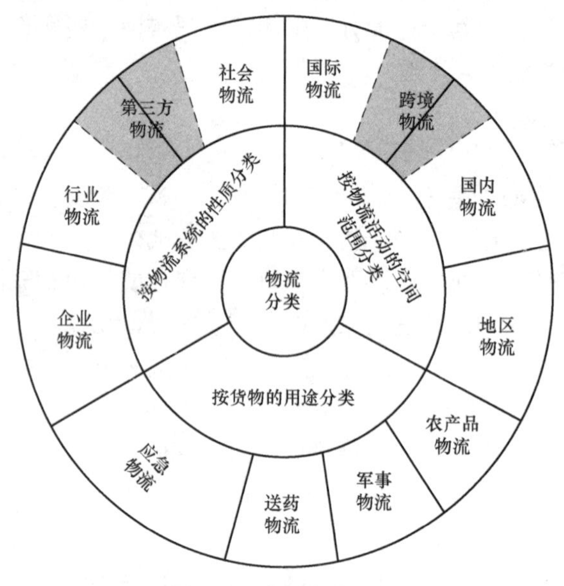

图 1–2 常见物流分类

当然，物流的分类越细致，各个类别之间重叠的可能性越高。物流的分类跟业态的发展是密不可分的，借鉴物流统计与零售业态分类方法，划分物流类别的依据可以是其业态特征而非某个唯一的分类标志；分类的目的是有利于社会对物流业态的认知与创新。

1.3.1 按货物的用途分类

1. 医药物流

医药物流（pharmaceutical logistics），一般是指依托一定的物流设备、技术和物

流管理信息系统，有效整合营销渠道上下游资源，优化药品供销配运环节中的验收、存储、分拣、配送等的作业过程。医药物流不是简单的药品进、销、存或者是药品配送；医药物流的核心是提高订单处理能力，降低货物分拣差错，缩短库存及配送时间，减少流通成本，提高服务水平和资金使用效率。

医药冷链特指为满足人们疾病预防、诊断和治疗的目的而进行的冷藏药品实体从生产者到使用者之间的一项系统工程，包括其生产、运输、储存、使用等一系列环节。随着医药物流需求的释放，医药冷链物流会呈现出快速的增长势头。今后一段时间，我国医药市场仍将维持较快增长，由于受疫情影响，预计 2022 年我国医药物流市场规模将超过 4.5 万亿元人民币。医疗冷链物流方面，需要冷链运输的医药领域产品包括疫苗、生物制品、生物药、诊断试剂等。其中疫苗占比最大，为 41%；其次是血液制品，占比达 29%。随着新冠疫苗供应量不断增加，疫苗接种目标人群持续扩大，全球疫苗冷链物流需求快速释放。我国新冠疫苗冷链物流规模约 140 亿元人民币，并保持持续增长。

2. 军事物流

《物流术语》（GB/T 18354—2021）将军事物流（military logistics）定义为：用于满足平时、战时及应急状态下军事行动物资需求的物流活动。可以看出，军事物流是现代物流的分支；它是军事物资经由采集、运输、包装、加工、仓储、供应等环节，最终抵达指定位置而被消耗的全过程。军事物流的指令性较强，尤其在战争爆发的时候，始终把军事利益放在首位。

军事物流的目标是保障军事行动的胜利。因此，军事物流和一般物流以成本或服务水平为目标明显不同。军事物流的物品种类具有特殊性，它主要包括武器装备、弹药、医疗设备、军队生活用品等。另外，军事物流的活动要求具有保密性、实效性，大多数情况下由部队用自有运输、仓储设备在军用机场、码头、车站完成物流活动。当然，军事物流和地方的民用物流又密不可分，地方的铁路、公路、桥梁、码头的基础设施建设，要考虑军事需要和战略安全，要避免敌方的战时破坏；还要考虑紧急情况下我方对破坏实施应急处理。民用运输工具要能在战时迅速改装以满足军事需求。

3. 应急物流

《物流术语》（GB/T 18354—2021）将应急物流（emergency logistics）定义为：为应对突发事件提供应急生产物资、生活物资供应保障的物流活动。应急物流是指以追求时间效益最大化、灾害损失及不利影响最小化为目标，通过现代信息和管理技术整合采购、运输、储备、装卸、搬运、包装、流通加工、分拨、配送、信息处理等各种功能活动，对各类突发性公共事件所需的应急物资实施从起始地向目的地高效率的计划、组织、实施和控制过程，具有突发性、不确定性、非常规性、事后选择性、不均衡性、紧迫性等特点。

应急物流是一般物流活动的一个特例，它具有以下区别于一般物流活动的特点：一是突发性和不可预知性，这也是应急物流区别于一般物流的一个最明显的特征。二是应急物流需求的随机性。应急物流是针对突发事件的物流，应急物流需求的随机性主要是由于突发事件的不确定性决定的。三是时间约束的紧迫性。四是峰值性。五是弱经济性。普通物流既强调物流的效率，又强调物流的效益，而应急物流在许多情况下是通过物流效率的实现来完成其物流效益的实现。六是非常规性。七是政府与市场的共同参与性。

4. 农产品物流

农产品物流（agro-product logistics）指的是为了满足消费者需求而进行的农产品物质实体及相关信息从生产者到消费者之间的物理性流动，即以农业产出物为对象，通过农产品产后加工、包装、储存、运输和配送等物流环节，做到农产品保值增值，最终送到消费者手中的活动。美国是物流认识和实践的发源地。1901 年，约翰 •F. 格鲁维尔在《农产品流通产业委员会报告》中第一次论述了影响农产品配送成本的各因素，揭开了认识物流的序幕。农产品物流的发展目标是增加农产品附加值，节约流通费用，提高流通效率，降低不必要的损耗，从某种程度上规避市场风险。农产品物流的方向主要是从农村到城市，原因是商品化农产品的主要消费群体在城市。

1）农产品物流的特点

农产品物流的主要特点：一是农产品物流数量特别大，品种特别多。二是农产品物流要求高。其主要原因是农产品与工业品不同，它是有生命的动物性与植物性产品；农产品的物流特别要求“绿色物流”，在物流过程中做到不污染、不变质；农产品价格较低，一定要做到低成本运输；农产品流通是保证与提高农民的收入的关键环节。因此，在物流过程中，一定要做到服务增值，即农产品加工转化、农产品加工配送。三是农产品物流难度大，主要表现在包装难、运输难和仓储难。

2）农产品物流的分类

农产品物流还可以分为粮食物流、农副产品物流、农产品冷链物流、花卉冷链物流、水产品冷链物流等，下面重点介绍粮食物流和农产品冷链物流。

（1）粮食物流。

《粮食物流名词术语》（GB/T 37710—2019）将粮食物流（grain logistics）定义为：将粮食由供应地向需求地流动中的储存、运输、装卸、搬运、包装、流通加工、配送、信息处理等功能有机结合，通过计划、控制和系统管理，整合资源，一体化运作，满足用户要求的过程。粮食物流主要倡导的是“四散化”（即散装、散卸、散运、散存），以及基于信息化、自动化的粮食物流。

从粮食运输方式看，主要是铁路、公路和水路运输。铁路运输，主要承担从收纳库到终端库的粮食运输，运量大，连续性强。铁路粮食运输在发达国家仍占有较高的比重。公路运输，主要承担粮站库到收纳库之间的粮食运输。水路运输，主要承担由中转库向终端库集并的粮食运输和出口粮食的运输。值得注意的是，集装箱运输发展很快。集装箱运输与火车相比，优势在于装卸粮食方便，可提供“门到门”的服务，有效保护粮食品质。在我国，粮食物流很大程度上受国有粮食企业的直接和间接的影响和支配。

（2）农产品冷链物流。

农产品冷链物流是指肉、禽、水产、蔬菜、水果、蛋等生鲜农产品从产地采收

（或屠宰、捕捞）后，在产品加工、贮藏、运输、分销、零售等环节始终处于适宜的低温控制环境下，最大限度地保证产品品质和质量安全、减少损耗、防止污染的特殊供应链系统。

农产品一般是指农业生产出来的初级产品，即在农业活动中获得的植物、动物、微生物及其产品，如高粱、花生、玉米、小麦等。初级农产品是指种植业、畜牧业、渔业产品，不包括经过加工的各类产品，包括以下几类：

① 食用菌。是指自然生长和人工培植的食用菌，包括鲜货、干货以及农业生产者利用自己种植、采摘的产品连续进行简单保鲜、烘干、包装的鲜货和干货。

② 瓜、果、蔬菜。是指自然生长和人工培植的瓜、果、蔬菜，包括农业生产者利用自己种植、采摘的产品进行连续简单加工的瓜、果干品和腌渍品（以瓜、果、蔬菜为原料的蜜饯除外）。

③ 花卉、苗木。是指自然生长和人工培植并保持天然生长状态的花卉、苗木。

④ 药材。是指自然生长和人工培植的药材，不包括中药材或中成药生产企业经切、炒、烘、焙、熏、蒸、包装等工序处理的加工品。

⑤ 牲畜、禽、兽、昆虫、爬虫、两栖动物类。如牛皮、猪皮、羊皮等动物的生皮；牲畜、禽等未经加工整理的动物毛和羽毛；活禽、活畜、活虫、两栖动物，如生猪、菜牛、菜羊、牛蛙等；光禽和鲜蛋（光禽，是指农业生产者利用自身养殖的活禽宰杀、褪毛后未经分割的光禽）；动物自身或附属产生的产品，如蚕茧、燕窝、鹿茸、牛黄、蜂乳、麝香、蛇毒、鲜奶等；除上述动物以外的其他陆生动物。

⑥ 水产品。如淡水产品、海水产品、滩涂养殖产品，包括农业生产者捕捞收获后连续进行简单冷冻、腌制和自然干制品。

还有一些如粮油作物、茶叶、林业产品、其他植物等也属农产品。综上所述，农产品加工是对以上农产品进行工业生产活动。它有别于农产品深加工，其加工后一般能看出产品原有的形状或特征。

1.3.2 按物流系统的性质分类

按照物流系统的性质不同，物流活动可以划分为社会物流、行业物流、企业物流和第三方物流。

1. 社会物流

社会物流一般是指流通领域发生的物流，是全社会物流的整体，带有宏观性和广泛性，所以也称为大物流或宏观物流。社会物流的标志之一是其伴随商业活动而发生。就物流学的整体而言，可以认为其主要研究对象就是社会物流。社会物流的流通网络是国民经济发展的命脉。流通网络分布是否合理，渠道是否畅通等，对国民经济的运行有至关重要的影响。所以，宏观规划和管理部门应该对社会物流进行科学的管理和有效的控制。采用先进的物流技术和手段，可以保证社会物流的高效能、低成本运行。社会物流的优化，不仅可以带来良好的经济效益，而且可以产生巨大的社会效益。

2. 行业物流

在一个行业内部发生的物流活动称为行业物流。同一行业中的企业，虽然在产品市场上是竞争对手，但在物流领域中却可以互相协作。促进行业物流的合理化和行业物流的系统化的结果，是使行业内的各个企业都得到相应的利益，实现真正意义上的“共赢”。行业物流可以分为钢铁物流、汽车物流、农产品物流等。

3. 企业物流

中华人民共和国国家标准《物流术语》（GB/T 18354—2021）对企业物流的表述是：生产和流通企业在经营活动中所发生的物流活动。从定义可以看出，企业物流是在企业经营范围内，由生产或服务活动所形成的物流，根据物流的作用不同，可以分为以下 5 类。

1）供应物流

《物流术语》（GB/T 18354—2021）对供应物流（supply logistics）的定义是：为生产企业提供原材料、零部件或其他物料时所发生的物流活动。对于工厂而言，企业供应物流是指生产活动所需要的原材料、备品、备件等物资的采购、供应活动所产生的物流；对于流通领域而言，供应物流是指在交易活动中，从买方角度出发的交易行为所发生的物流供应。物流不仅要实现保证供应的目标，而且还要求以最低的成本、最少的消耗来组织供应活动。为了保证良好的供应物流，必须解决有效的供应网络、供应方式、零库存等问题。供应物流的严格管理和合理化对于企业的成本有着重要影响。

2）生产物流

《物流术语》（GB/T 18354—2021）对生产物流（production logistics）的定义为：生产企业内部进行的涉及原材料、在制品、半成品、产成品等的物流活动。在生产过程中，原材料、在制品、半成品、产成品等在企业内部的实体流动称为生产物流。生产物流是制造产品的工厂企业所特有的，与生产流程同步。原材料、半成品等按照工艺流程在各个加工点之间不停顿地移动、流转形成了生产物流。生产物流合理化对工厂的生产秩序、生产成本有很大影响。如果生产物流中断，生产过程也将随之停顿；生产物流均衡稳定，可以保证在制品的顺畅流转，缩短生产周期。在制品库存的压缩，设备负荷均衡化，都与生产物流的管理与控制有关。

3）销售物流

《物流术语》（GB/T 18354—2021）对销售物流（distribution logistics）的定义为：企业在销售商品过程中所发生的物流活动。从定义可以看出，销售物流是物资的生产者或持有者到用户或消费者之间的物流，它对于工厂是指售出产品，而对于流通领域是指交易活动中从卖方角度出发的交易行为中的物流。通过销售物流，企业得以回收资金，进行再生产活动。销售物流的效果关系到企业的存在价值是否被社会承认。销售物流的成本在产品及商品的最终价格之中体现。

4）回收物流

回收物流是指将不合格物品的返修、退货以及周转使用的包装容器从需方回到供方所形成的物品实体流动。在生产和流通活动中，有一些资料需要回收并加以利

用，如作为包装容器的纸箱、塑料筐、酒瓶等，建筑行业的脚手架，还有一些可用杂物的回收分类和再加工，如旧报纸、书籍通过回收、分类可以再制成纸浆加以利用，金属废弃物通过回收并重新熔炼，可以制成有用的原材料。

5）*废弃物物流*

《物流术语》（GB/T 18354—2021）对废弃物物流（waste logistics）的定义为：将经济活动或人民生活中失去原有使用价值的物品，根据实际需要进行收集、分类、加工、包装、搬运、储存等，并分送到专门处理场所的物流活动。

4. 第三方物流

《物流术语》（GB/T 18354—2021）对第三方物流（third party logistics）的定义为：由独立于物流服务供需双方之外且以物流服务为主营业务的组织提供物流服务的模式。第三方物流的概念于 20 世纪 80 年代中后期由美国物流管理协会首先提出来，它源自管理学中的业务外包。第三方物流是相对于“第一方”发货人和“第二方”收货人而言的，它通过与第一方和第二方的合作，提供专业化的物流服务。它不拥有商品，不参与商品的买卖，而是为客户提供以合同为约束、以结盟为基础的系列化、个性化、信息化的物流代理服务。

第三方物流使物流从一般制造业和商业等活动中脱离出来，形成能开辟新的利润源泉的新兴商务活动。第三方物流在全球范围内得到了蓬勃发展，受到了物流产业界和理论界的广泛关注。尤其是在供应链管理中，选择自营物流服务还是外购物流服务已成为企业不能回避的决策之一。

第三方物流一般具有四个主要特点：一是合同化。第三方物流通过合同的形式来规范物流经营者与物流消费者之间的关系，并用合同来管理所提供的物流服务内容及其过程。二是个性化。即第三方物流企业需要根据不同企业的各自业务流程和要求，提供有针对性的个性化服务内容和增值服务项目。三是专业化。专业化是指第三方物流企业所提供的物流设计、操作过程、物流管理、物流设施与设备均是标准化、专业化的服务。四是信息化。第三方物流企业借助先进的信息处理工具和系统，快速响应客户需求，及时与客户交流，以达到资金流、物流、信息流的有机结合。

1.3.3 按物流活动的空间范围分类

按照空间范围不同，物流活动可以划分为地区物流、国内物流和国际物流。

1. 地区物流

地区物流指在一定疆域内，根据行政区或地理位置划分的一定区域内的物流。例如，按省区划分，可划分为省、直辖市和自治区；按地理位置划分，可划分为长江三角洲地区、珠江三角洲地区、环渤海地区等。地区物流系统对提高该地区内企业物流活动的效率、保障当地居民的生活环境具有重要作用。研究地区物流应根据地区的特点，从本地区的利益出发，组织好物流活动。例如，某城市建设一个大型物流中心，显然对提高当地物流效率、降低物流成本、稳定物价很有作用，但也会由于供应点集中、货车来往频繁而产生废气、噪声、交通事故等问题。所以，物流中心的建设不仅仅是物流问题，还要从城市建设规划、地区开发计划等方面统一考虑、妥善安排。

2. 国内物流

国内物流是指在一个国家或一个经济实体内进行的物流活动。物流作为国民经济的一个重要方面，应该将其纳入国家的总体规划。全国物流系统的发展必须从全局着眼，应该清除由于部门分制、地区分割造成的物流障碍。物流系统的建设投资也要从全局考虑，使一些大型物流项目尽早建成，为经济建设服务。国家整体物流系统的推进，必须发挥政府的宏观调控作用。

3. 国际物流

《物流术语》（GB/T 18354—2021）将国际物流（international logistics）定义为：跨越不同国家（地区）之间的物流活动。我国在加入 WTO 之后，企业的商务活动日趋国际化，尤其是 RECP（区域全面经济伙伴关系协定）建立以来，国际商务在企业运营中所占的比例越来越大。

国际物流是国际贸易的重要组成部分。国际物流的总目标是为国际贸易和跨国经营服务，即选择最佳方式和路径，以最低的费用和最小的风险，保质、保量、适时地将货物从某国的供方运到另一国的需方。从企业角度看，跨国企业发展迅猛，不只是已经全球化的跨国企业，许多有实力的企业都在推行国际化战略。企业在全世界寻找贸易机会、理想的市场和生产基地，这就将企业的经济活动领域由一个地区、一个国家扩展到全世界。国际物流不仅是由商贸活动决定的，而且它本身也是生产活动的必然产物。企业的国际化战略，使企业分别在不同国家生产零配件，又在其他的国家将零配件组装或装配成机，这种生产环节之间的衔接也需要依靠国际物流。

4. 跨境物流

跨境物流（cross-border logistics）是指以海关关境两侧为端点的实物和信息有效流动和存储的计划、实施和控制管理过程。它依靠互联网、大数据、信息化与计算机等先进技术，使物品从跨境电商企业流向跨境消费者的跨越不同国家或地区。

1.3.4 物流的其他分类

我国的物流专家学者对现代物流按照不同的依据进行分类，分类越细，类别重复越厉害，导致物流分类既有交叉又有融合，既可以按图 1–2 分类，也可以按表 1–1 分类。

表 1–1 现代物流的分类

分类依据	类　别	分类的含义
按物流活动的社会范围分类	社会物流	即宏观物流，指全社会范围内，各企业相互之间错综复杂的物流活动的总称
	行业物流	同一行业中的企业为了提高物流效率和降低物流成本而在物流运作、物流管理方面进行的有效协作

续表

分类依据	类　别	分类的含义
按物流活动的作用分类	企业物流	即微观物流，指生产和流通企业围绕其经营活动所发生的物流活动
	生产物流	生产企业内部进行的涉及原材料、在制品、半成品、产成品等的物流活动
	供应物流	为生产企业提供原材料、零部件或其他物料时所发生的物流活动
	销售物流	企业在销售商品的过程中所发生的物流活动
	回收物流	退货、返修物品和周转使用的包装容器等从需方返回供方所引发的物流活动
	废弃物物流	将经济活动或人民生活中失去原有使用价值的物品，根据实际需要进行收集、分类、加工、包装、搬运、储存等，并分送到专门处理场所的物流活动
	逆向物流	即反向物流，指为恢复物品价值、循环利用或合理处置，使原材料、零部件、在制品及产成品从供应链下游节点向上游节点反向流动，或按特定的渠道或方式归集到指定地点所进行的物流活动
按物流活动的性质分类	一般物流	指特殊物流之外的具有普遍性的物流。一般物流研究的着眼点在于物流的一般规律，建立普遍适用的物流标准化系统
	特殊物流	发生在具有特殊要求的特殊领域、范围、行业内的物流活动，如根据劳动对象的特殊性有水泥物流、汽车物流、煤炭物流、医药物流、危化品物流等，又如特殊领域的军事物流、应急物流、绿色物流、工程物流等
按物流活动的主体分类	自营物流	由物品供应企业或接收企业自己对供应或接收的物品所实施的物流活动
	第三方物流	由独立于物流服务供需双方之外且以物流服务为主营业务的组织提供物流服务的模式
按物流活动的地域范围分类	国际物流	跨越不同国家（地区）之间的物流活动
	跨境物流	以海关关境两侧为端点的实物和信息有效流动和存储的计划、实施和控制管理过程
	国（区）内物流	发生在一个国家或地区范围内的物流
	区域物流	一个国家或地区范围中不同区域内的物流

续表

分类依据	类　别	分类的含义
按物流发展理念分类	精益物流	消除物流过程中的无效和非增值作业，用尽量少的投入满足客户需求，并获得高效率、高效益的物流活动
	绿色物流	通过充分利用物流资源、采用先进的物流技术，合理规划和实施运输、储存、装卸、搬运、包装、流通加工、配送、信息处理等物流活动，降低物流活动对环境影响的过程
	智慧物流	以物联网技术为基础，综合运用大数据、云计算、区块链及相关信息技术，通过全面感知、识别、跟踪物流作业状态，实现实时应对、智能优化决策的物流服务系统
按物流承接的载体分类	港口物流	中心港口城市利用其自身的口岸优势，以先进的软硬件环境为依托，强化其对港口周边物流活动的辐射能力，突出港口集货、存货、配货特长，以临港产业为基础，以信息技术为支撑，以优化港口资源整合为目标，发展具有涵盖物流产业链所有环节特点的港口综合服务体系
	铁路物流	依托铁路的点、线集合，将运输、储存、装卸、搬运、包装、流通加工、配送、信息处理等功能有机结合，是物品从供应地向接收地实体流动的计划、实施与控制的过程
	公路物流	依托公路网络进行的物流活动
	航空物流	货物以航空运输为主要运输方式的物流活动

课后任务

工作任务

学习记录

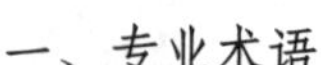

一、专业术语

1. 物流服务
2. 物流技术
3. 物流成本
4. 零担运输
5. 自动导引车
6. 物流“牛鞭效应”理论
7. 农产品冷链物流
8. 中欧班列
9. 自由贸易试验区
10. 农产品物流

学习记录

二、判断题

1. 物流的概念最早来自美国。 ( )

2. 医药物流的核心是药品进、销、存或者是药品配送。 ( )

3. 供应链是“第四利润源”。 ( )

4. 提高整个供应链效率，实现供应链管理目标的关键是最大限度地提升“牛鞭效应”的影响。 ( )

5. 中欧班列是运行于中国与德国以及“一带一路”沿线国家间的集装箱等铁路国际联运列车。 ( )

6. 物流在国民经济中能够起到第三利润源的作用。 ( )

7. 应急物流是为应对突发事件提供应急生产物资、生活物资供应保障的物流活动，具有突发性和常规性等特点。 ( )

8. 按照物流系统的性质不同，物流活动可以划分为社会物流、行业物流、企业物流。 ( )

9. 粮食运输方式中的铁路运输，主要承担粮站库到收纳库之间的粮食运输。 ( )

10. 国际物流是跨越不同国家（地区）之间的物流活动。 ( )

三、单选题

1. PMI 界定经济强弱的分界点是（ ）。

A. 40%　B. 45%　C. 50%　D. 55%

2. LPI 低于（ ），说明物流业经济收缩。

A. 30%　B. 40%　C. 50%　D. 60%

3. 物流管理的目的是遵循 7R 原则，其中不包括( )。

A. 恰当时间　B. 恰当质量

C. 恰当商品　D. 恰当物流

4. 中国快递发展指数指标体系的一级指标不包括（ ）。

A. 发展规模指数　B. 服务质量指数

C. 发展能力指数　D. 快递物流指数

5. 行业物流不包括（ ）。

A. 钢铁物流　B. 汽车物流

C. 社会物流　D. 农产品物流

6. 在医药物流中，目前冷链运输占比最大的是（ ）。

A. 生物制品　B. 生物药

C. 疫苗　D. 诊断试剂

7. 牛鞭效应亦称（　　）。

A. 效益背反　　B. 蝴蝶效应

C. 二律背反　　D. 效益悖反

8. 以下不属于物流 8 大基本功能的是（　　）。

A. 运输　B. 包装　C. 配送　D. 采购

四、多选题

1. 第三方物流的特点主要有（　　）。

A. 合同化　　B. 个性化

C. 专业化　　D. 信息化

2. 中国仓储指数由哪些权重指数合成？（　　）。

A. 期末库存　　B. 新订单

C. 平均库存周期次数　　D. 从业人员

3. 按照空间范围不同，物流活动可以划分为（　　）。

A. 地区物流　　B. 国内物流

C. 国际物流　　D. 跨境物流

4. 供应链是在生产及流通过程中，围绕核心企业的核心产品或服务，由所涉及的（　　）直到最终用户等形成的网链结构。

A. 原材料供应商　　B. 制造商

C. 分销商　　D. 零售商

5. 常用物流信息术语包括（　　）。

A. 电子运单　　B. 仓配一体

C. 存货控制　　D. 智能运输系统

6. 中国电商物流运行指数分为（　　）。

A. 同比指数　　B. 定比指数

C. 环比指数　　D. 定基指数

五、简答题

1. 现代物流的特征有哪些？

2. 中国快递发展指数指标体系包含的 4 个一级指标和 11 个二级指标分别是什么？

3. 物流管理遵循的 7R 原则是什么？

4. 农产品物流的主要特点是什么？

5. 快递物流指数包括哪些指标体系？

6. 简述物流在国民经济中的地位与作用。

学习记录

评价与分析

以小组为单位，展示本组成果，根据以下评分标准进行评分。

评　分　表

<table>
<tr><td>班级</td><td></td><td>姓名</td><td></td><td>学号</td><td></td><td>日期</td><td></td></tr>
<tr><td rowspan="2">序号</td><td rowspan="2">评价内容</td><td rowspan="2" colspan="2">评价标准</td><td rowspan="2">分值</td><td colspan="3">评分</td></tr>
<tr><td>自我评价（20%）</td><td>组间评价（30%）</td><td>教师评价（50%）</td></tr>
<tr><td>1</td><td>自我学习能力</td><td colspan="2">1. 能进行时间管理。
2. 能选择适合自己的学习和工作方式。
3. 能随时修订计划并进行意外处理。
4. 能将已经学到的东西用于新的工作任务</td><td>10</td><td></td><td></td><td></td></tr>
<tr><td>2</td><td>信息收集能力</td><td colspan="2">1. 能根据不同需要去搜寻、获取并选择物流信息。
2. 能筛选物流信息，并进行物流分类。
3. 能使用多媒体等手段来展示信息</td><td>10</td><td></td><td></td><td></td></tr>
<tr><td>3</td><td>市场洞察能力</td><td colspan="2">1. 能从市场获取相关物流信息。
2. 能依据收集的信息，做简单的市场分析。
3. 能根据物流理论对市场信息进行分析</td><td>10</td><td></td><td></td><td></td></tr>
<tr><td>4</td><td>与人交流能力</td><td colspan="2">1. 能把握交流的主题、时机和方式。
2. 能理解对方谈话的内容，准确地表达自己的观点。
3. 能获取信息并反馈信息</td><td>10</td><td></td><td></td><td></td></tr>
<tr><td>5</td><td>与人合作能力</td><td colspan="2">1. 能挖掘合作资源，明确自己在合作中的作用。
2. 能同合作者进行有效沟通，理解个性差异及文化差异</td><td>10</td><td></td><td></td><td></td></tr>
<tr><td>6</td><td>解决问题能力</td><td colspan="2">1. 能说明何时出现问题并指出其主要特征。
2. 能制订解决问题的计划并组织实施。
3. 能对解决问题的方法适时地做出总结和修改</td><td>10</td><td></td><td></td><td></td></tr>
</table>

续表

序号	评价内容	评价标准	分值	评分		
				自我评价（20%）	组间评价（30%）	教师评价（50%）
7	革新创新能力	1. 能发现事物的不足并提出改进措施。 2. 能创新性地提出改进意见和具体的改进方法。 3. 能从多种方案中选择最佳方案，在现有条件下进行实施	10			
8	物流概念知识掌握程度	1. 物流的定义。 2. 现代物流的特征。 3. 物流的功能。 4. 物流常用术语	10			
9	物流理论知识掌握程度	1. “黑大陆”理论。 2. “冰山”理论。 3. “第三利润源”理论。 4. 其他相关理论	10			
10	物流分类知识掌握程度	1. 按货物用途分类。 2. 按物流系统性质分类。 3. 按物流活动范围分类	10			
总分			100			
评价						

单元评估

职业核心能力测评表

（在□中打√，A 通过，B 基本通过，C 未通过）

职业核心能力	评 估 标 准	自测结果
自我学习能力	1. 能进行时间管理。	□A □B □C
	2. 能选择适合自己的学习和工作方式。	□A □B □C
	3. 能根据进展修订计划并进行意外处理。	□A □B □C
	4. 能将已经学到的东西用于新的工作任务	□A □B □C
信息收集能力	1. 能根据不同需要去搜寻、获取并选择物流信息。	□A □B □C
	2. 能筛选物流信息，并进行物流分类。	□A □B □C
	3. 能使用多媒体等手段来展示信息	□A □B □C
市场洞察能力	1. 能从市场获取相关物流信息。	□A □B □C
	2. 能依据收集的信息，做简单的市场分析。	□A □B □C
	3. 能根据物流理论对市场信息进行分析	□A □B □C
与人交流能力	1. 能把握交流的主题、时机和方式。	□A □B □C
	2. 能理解对方谈话的内容，准确地表达自己的观点。	□A □B □C
	3. 能获取信息并反馈信息	□A □B □C
与人合作能力	1. 能挖掘合作资源，明确自己在合作中的作用。	□A □B □C
	2. 能同合作者进行有效沟通，理解个性差异及文化差异	□A □B □C
解决问题能力	1. 能说明何时出现问题并指出其主要特征。	□A □B □C
	2. 能制订解决问题的计划并组织实施。	□A □B □C
	3. 能对解决问题的方法适时地做出总结和修改	□A □B □C
革新创新能力	1. 能发现事物的不足并提出改进措施。	□A □B □C
	2. 能创新性地提出改进意见和具体的改进方法。	□A □B □C
	3. 能从多种方案中选择最佳方案，在现有条件下进行实施	□A □B □C
学生签字：	教师签字：	20 年 月 日

专业能力测评表

（在□中打√，A 掌握，B 基本掌握，C 未掌握）

专业能力	评价指标	自测结果	备注
物流概念	1. 物流的定义。 2. 现代物流的特征。 3. 物流的功能。 4. 物流常用术语	□A □B □C □A □B □C □A □B □C □A □B □C	
物流理论	1. “黑大陆”理论。 2. “冰山”理论。 3. “第三利润源”理论。 4. 其他相关理论	□A □B □C □A □B □C □A □B □C □A □B □C	
物流分类	1. 按货物用途分类。 2. 按物流系统性质分类。 3. 按物流活动范围分类	□A □B □C □A □B □C □A □B □C	
其他	物流的地位和作用	□A □B □C	
教师评语：			
成绩		教师签字	

项目 2

走进流通加工

项目导学

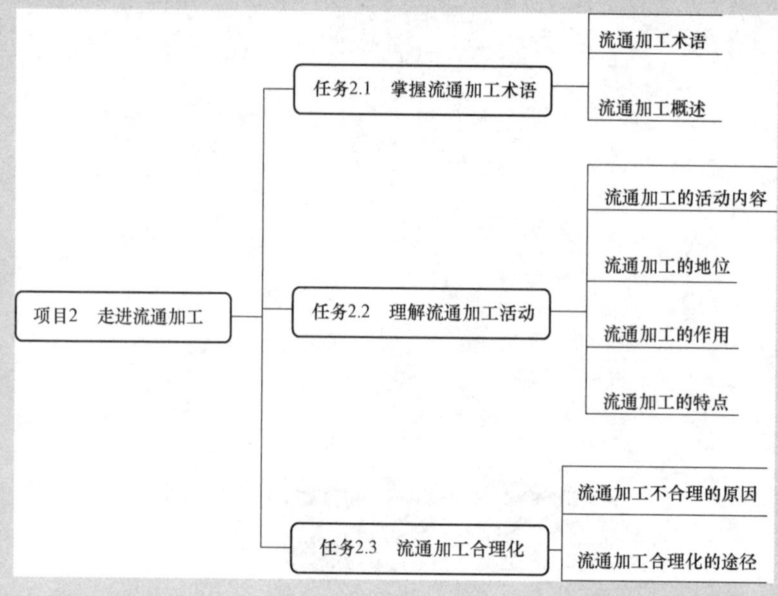

知识目标

1. 理解流通加工术语。
2. 掌握流通加工的特点。
3. 理解流通加工的地位和作用。

技能目标

1. 能够对流通加工不合理的原因进行详细分析。
2. 能够对不合理的流通加工提出具体改进建议。
3. 能够运用流通加工活动分析不同货物的加工形式。

学习笔记

农产品供应链流通模式的构建

农产品供应链流通模式是与供应链管理思想相互融合的全新流通模式，它不仅将供应链管理思想贯穿其中，还借助集成理念协调供应链的所有环节，在企业间共享信息，实现互利共赢。

一、建立以农产品批发市场为核心的供应链模式

农产品批发市场是农产品流通市场不可分割的部分。农产品批发市场的流通主体主要有农产品生产者、运销商、中介组织及农产品加工企业等。当农产品批发市场作为供应链流通中心时，农产品批发市场需要创新原有批发交易、短期存储、农产品集散等功能，可对市场从物流服务体系进行功能扩展。在新的农产品物流服务模式下，需要关联生产环节、销售环节、流通环节与消费环节，在批发市场中实现农产品批发交易、仓储保管、冷冻冷藏、分拣及流通加工，实现市场功能多样性，提升流通速度。

二、建立以连锁超市为核心的农产品流通体系

要使农产品供应链流通形成较大经济效益，首先需要农产品零售企业集中化采购、分销及规模化运营，即采取连锁经营模式。在连锁经营中，对农产品采购均以标准规范把控，涉及采购、配送、标识与经营方针、服务规范等。为确保农产品零售规模化，需要将农产品零售特点与规模化经济运营体系融合，实现农产品连锁经营，提高市场占有率。通过对农产品规模化经营，可降低运输及包装成本。随着连锁企业经营范围不断扩大，形成市场交易内部化，农产品各环节专业分工，进而节省成本。

三、建立以农产品加工企业为核心的农产品流通体系

农产品加工主要由农产品加工制造企业与农产品流通加工企业两部分组成。农产品加工主要是从包装、保鲜、冷藏与储运等方面提高其价值。以蔬菜加工为例，蔬菜加工制造企业不仅要采购原料蔬菜，还要加工蔬菜，因此需要改变农产品组织形式，从原农产品专业合作社转变为农产品加工企业农民专业合作社，通过农产品产业化发展，形成生产、组织生产与产品

学习笔记

认证、市场运营等统一的局面，提升生产经济组织水平。为确保农产品质量，加工企业与农户专业合作，签署收购合同，只需要农户保证农产品达到其收购标准即承诺收购，既保障农户经济效益，又保障企业所加工农产品的质量，实现利益共享。为健全农产品加工企业供应链，以农产品加工企业为核心，从产品精加工、标准化管理等形式建立合作关系。

（资料来源：陈赛花，吴晓山. 供应链视域下农产品流通利润分析. 商业经济研究，2020（15）：121–124.）

思考：农产品供应链流通模式的构建能带来什么好处？

请在此处写下你的分析

任务2.1 掌握流通加工术语

2.1.1 流通加工术语

《物流术语》(GB/T 18354—2021)将流通加工(distribution processing)定义为:根据顾客的需要,在流通过程中对产品实施的简单加工作业活动的总称。需要注意的是,简单加工作业活动包括包装、分割、计量、分拣、刷标志、拴标签、组装、组配等。以下有关物流包装的定义皆来源于《物流术语》(GB/T 18354—2021)。

① 进料加工(processing with imported materials)。境内企业进口物料加工后再销往国外的一种贸易方式。

② 来料加工(processing with supplied materials)。由境外单位提供原料,委托境内加工单位在保税状态下进行加工装配,成品由境外单位销往国外的一种贸易方式。

③ 物流增值服务(logistics value-added service)。在完成物流基本功能的基础上,根据客户需求提供的各种延伸业务活动。

④ 保税货物(bonded goods)。经海关批准未办理纳税手续进境,在境内储存、加工、装配后复运出境的货物。

⑤ 保税物流(bonded logistics)。在海关特殊监管区域或者场所,企业从事仓储、配送、运输、流通加工、装卸搬运、物流信息、方案设计等业务时享受海关实行的"境内关外"管理制度的一种物流服务模式。

⑥ 保税工厂(bonded factory)。经海关批准专门生产出口产品的保税加工装配企业。

⑦ 保税港区(bonded port zone)。经政府批准,设立在国家对外开放的口岸港区和与之相连的特定区域内,具有口岸、物流、加工等功能的海关特殊监管区域。保税港区具备仓储物流、对外贸易、国际采购、分销和配送、国际中转、检测和售后服务维修、商品展示、研发、加工、制造,港口作业等功能;享受保税区、出口加工区、保税物流园区相关的税收和外汇管理政策。

2.1.2 流通加工概述

从本质上来说,流通加工是将商品加工工序从生产环节转移到物流环节,是商品在流通过程中的辅助加工活动,是物流系统的构成要素之一。加工是改变产品物质的形状和性质,形成一定产品的活动,流通则是改变物质的空间状态与时间状态的活动。流通加工是生产加工在流通领域中的延伸,也可以看成是流通领域为了更好地提供服务而在职能方面进行的延伸;流通加工使商品发生物理、化学或形状的变化,以满足消费者的多样化需求和提高商品的附加值。流通加工的内容有装袋、定量化小包装、拴牌子、贴标签、配货、挑选、混装、刷标记等。

流通加工的作用主要表现在:

① 进行初级加工,方便用户提高原材料利用率;

② 提高加工效率及设备利用率;

③ 充分发挥各种运输手段的最高效率；

④ 改变品质，提高收益。

随着经济的增长、国民收入的增多，消费者的需求出现多样化，促使企业在流通领域开展流通加工。目前，世界许多国家和地区的物流中心或仓库经营中都大量存在流通加工业务，在日本、美国等物流发达国家则更为普遍。例如，深海捕鱼时，轮船一出海至少一个月才能返回，为了防止海产品腐烂变质，也为了减少占用空间，渔民们在轮船上进行分选、清除内脏等加工，这就是鱼的流通加工。因此可以说，流通加工是生产加工在流通领域的延伸，也可以看成是流通领域为了提供更好的服务而在职能方面的扩展。

任务 2.2 理解流通加工活动

2.2.1 流通加工的活动内容

1. 在库初始加工

有的物品过长、过大，为了方便仓储、运输和装卸，满足客户需要，要对物品进行解体、切割。例如，在流通加工点，将原木锯裁成各种规格，同时将碎木、碎屑集中加工成各种规格的板材，甚至还可以进行打眼、凿孔等初级加工；或者对一些水分较高的产品进行晾晒等，这些加工主要是为了方便物品的运输和装卸。

2. 在库成品加工

有许多生产企业在生产出成品后，将成品存放在物流企业的仓库里，成品的终极加工整理工作则委托物流企业在出库前完成。例如，服装厂将成品服装委托物流企业进行烫熨整理、装袋、打包等工作。

3. 印制或拴挂标签

印制或拴挂标签是指根据顾客需求，印制条码文字标签并贴附在物品外部。贴标签是一项业务量非常大的流水式作业，目前主要有三种形式：一是手工贴标签；二是半自动化贴标签，其作业方法是一边计算机打印标签，另一边手工把计算机打印的标签贴在物品上；三是全自动机器贴标签，自动贴标签机如图 2-1 所示。

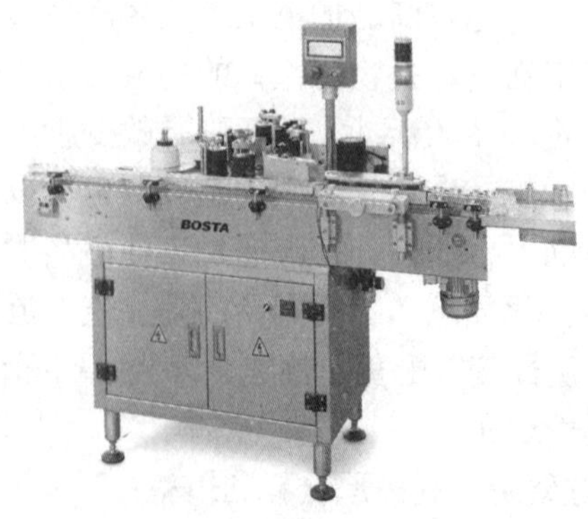

图 2-1　自动贴标签机

贴标签或拴挂标签既减少了客户的额外工作量，同时又可以给流通加工企业带来利润。因此，贴标签业务在很多物流、外贸类企业里发展非常迅速。比如，在保税区仓库内，利用国内外市场间的地区差、时间差、价格差、汇率差等，实现货物国际转运流通加工，如贴唛头、贴标签、再包装、打膜等，最终再运输到目的国，以赚取转口贸易差额。图 2–2 是红酒标签。

图 2–2　红酒标签

4. 货物集包

货物集包是指根据客户需求将数件物品集成小包装或赠品包装。其目的是方便顾客对不同商品的一次性收货。配送中心对物品的集包主要采用自动化的捆包设备，效率比以往大大提高。货物集包后发送到顾客，顾客一次就可以收到全部货物。

5. 分装加工

分装加工包括大包装改小包装、适合运输的包装改成适合销售的包装等。例如，将原来分散的商品进行重新包装后再投放到市场，大大方便了商品的销售。分装加工还广泛应用于酒类行业的物流中心内。例如，啤酒运到销售地后灌装成听、罐、瓶、袋再进行销售（如图 2–3 所示），这样既减少了物流运输成本，同时又方便了市场销售。

图 2–3　啤酒

6. 货物分拣

货物分拣是指根据不同客户的订单需求，对货物进行分区、装包、称重、制作货物清单等业务活动，其目的是保证货物准确发运。

2.2.2 流通加工的地位

1. 流通加工有效地完善了流通

流通加工在实现时间和场所的效用方面，确实不能与运输和保管相比，因此流通加工不是物流的主要功能要素。但是，这绝不是说流通加工不重要，实际上它也是不可轻视的。流通加工具有补充、完善、提高与增强产品价值的作用，能起到运输、保管等其他功能要素无法起到的作用。所以，流通加工的作用是提高物流水平，促进流通向现代化发展。

2. 流通加工是现代物流的重要利润来源

流通加工是一种低投入、高产出的加工方式，往往以简单的加工解决大问题。在实践中，有的流通加工是通过改变商品包装，使商品档次升级而充分实现其价值；有的流通加工可将产品的利用率提高 30%，甚至更多。实践证明，流通加工提供的利润并不亚于从运输和保管中挖掘到的利润，因此，流通加工是物流的重要利润来源。

3. 流通加工是重要的加工形式

流通加工在整个国民经济的组织和运行中是一种重要的加工形式，对推动国民经济的发展、完善国民经济的产业结构具有一定的意义。世界上许多国家和地区的物流中心或仓库都有流通加工业务，有的规模还比较大，在美国、日本等发达国家更为普遍。

2.2.3 流通加工的作用

1. 提高原材料利用率

通过流通加工，将生产厂商运来的简单规格产品，按用户的要求下料。例如，将钢板进行减板、切裁；将木材加工成各种长度及大小的板材、方材等。集中下料可以优材优用、小材大用、合理套裁，明显提高原材料的利用率，有很好的技术经济效果。

2. 方便用户

用量小或有临时需求的用户，不具备进行高效率初级加工的能力，通过流通加工可以使其省去进行初级加工的投资、设备、人力。目前发展较快的初级加工有：将水泥加工成生混凝土；将原木加工成板，将方材加工成门窗；钢板预处理、整形等。

3. 提高设备利用率

在分散加工的情况下，由于受生产周期和生产节奏的限制，使得加工过程不均衡，加工设备的加工能力不能得到充分发挥。而流通加工面向全社会，加工数量大，加工范围广，加工任务多。这样可以通过建立集中加工点，用一些效率高、技术先进、加工量大的专门机具和设备，一方面提高加工效率和加工质量，另一方面提高设备利用率。

2.2.4 流通加工的特点

1. 集中化

以流通加工为主体的物流企业，会集中相关需求企业的物料进行集中加工，以达到规模效应，降低生产成本。

2. 专业化

流通加工企业专注于某一行业物品的流通加工，配置专门的设施设备、专业的人员和技术，比传统加工企业更加专业化。

3. 黏性好

流通加工企业与工商企业、最终用户建立了长久的合作关系，深入了解客户的需求，能根据客户需求开发商品，与客户产生协商效应。深入的合作降低了被其他企业替代的可能，这也是许多物流企业看好流通加工的原因。

4. 高附加值

流通加工体现了个性化的加工，其专业化和集中化是其他企业不可替代的，同时也带来了物流的一般形式中所不具备的高附加值。

任务 2.3　流通加工合理化

流通加工合理化就是要给予最佳的资源配置，才能达到有效衔接其他物流环节、降低物流成本、提高物流效率的目的。

2.3.1 流通加工不合理的原因

流通加工不合理的原因通常表现在以下四个方面。如图 2–4 所示。

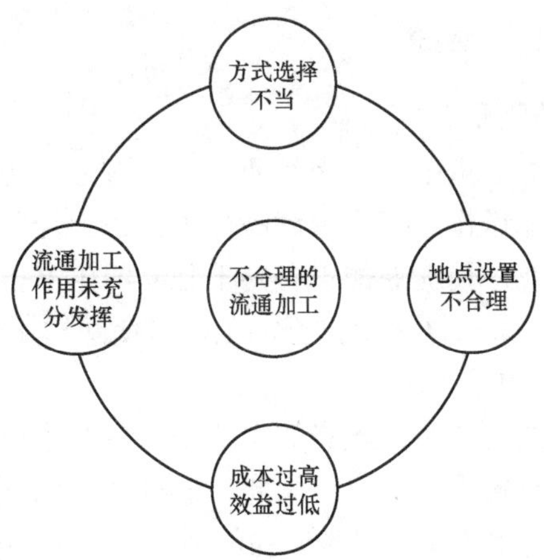

图 2–4　流通加工不合理的原因

1. 地点设置不合理

流通加工地点设置即布局状况是决定整个流通加工是否有效的重要因素。一般来说，为衔接单品种、大批量生产与多样化需求的流通加工，将加工地点设置在需求地区才能实现大批量的干线运输与多品种末端配送的物流优势。如果将流通加工地点设置在生产地区，一方面，为了满足用户多样化的需求，会出现多品种、小批量的产品由产地向需求地的长距离运输；另一方面，在生产地增加了一个加工环节，也会增加近距离运输、保管、装卸等一系列物流活动。另外，为了方便物流，流通加工环节应该设置在产出地，设置在进入社会物流之前。

2. 方式选择不当

流通加工方式包括流通加工对象、流通加工工艺、流通加工技术、流通加工程度等。流通加工方式与生产加工的合理分工有关。分工不合理，是指把本来应由生产加工完成的作业错误地交给流通加工来完成，或者把本来应由流通加工完成的作业错误地交给生产加工去完成。流通加工不是对生产加工的代替，而是对生产加工的补充和完善。如果工艺复杂、技术装备要求较高，加工可以由生产过程延续或轻易解决的，都不宜再设置流通加工环节，而应由生产加工完成。

3. 成本过高，效益过低

流通加工的一个重要优势是有较大的投入产出比，即在流通加工上的投入比它可以带来的产出要小，因而能有效起到补充、完善的作用。如果流通加工成本过高，则不能实现以较低投入实现更高产出的目的，势必会影响流通加工的经济效益。

4. 流通加工作用未充分发挥

流通加工的主要目的是方便物流和消费，但有的流通加工过于简单，对生产和消费的作用都不大，甚至有时由于流通加工的盲目性，不但未能解决品种、规格、包装等问题，而且还增加了作业环节。这也是流通加工不合理的重要表现形式。

2.3.2 流通加工合理化的途径

1. 流通加工和配送相结合

将流通加工设置在配送点中，原因有两个。一方面，可以按配送的需要进行加工；另一方面，加工是配送作业流程中商品分类分拣、配货的重要一环。加工后的产品可直接投入配送作业，使流通加工有别于独立的生产，将流通加工与中转流通巧妙地结合在一起。同时，配送之前进行加工，可使配送服务水平大大提高。

2. 流通加工和配套相结合

在对配套要求较高的流通中，配套的主体来自各个生产单位。但是，完全配套有时又无法全部依赖现有的生产单位。因此，进行适当的流通加工，可以有效促成配套，大大提高流通作为“桥梁与纽带”的能力。

3. 流通加工和合理化运输相结合

流通加工能有效衔接干线运输与支线运输，促进两种运输形式的合理化。在支线运输转干线运输或干线运输转支线运输这种本来就必须停顿的环节，不是进行一

般的支转干或干转支，而是按干线或支线运输合理的要求在这个停顿环节进行适当的流通加工，可以大大提高运输水平及运输转载水平。

4. 流通加工和合理化商流相结合

通过流通加工有效促进销售，使商流合理化，也是流通加工合理化的考虑方向之一。流通加工和配送相结合，可通过加工提高配送水平，强化销售。此外，通过简单地改变包装，形成方便的购买量；通过组装加工，解决用户使用前自己组装、调试的困难，这都是有效促进商流的例子。

5. 流通加工和节约相结合

节约能源、节约设备、节约人力、减少耗费是流通加工合理化的重要因素，也是目前我国设置流通加工考虑其合理化的较普遍的形式。对于流通加工合理化的最终判断，是看其能否实现社会和企业本身的两个效益面，能否取得最优效益。流通加工企业与一般生产企业的一个重要不同之处是，流通加工企业更应树立社会效益第一的观念：只有在以补充完善为己任的前提下才有生存的价值。如果只是追求企业的微观效益，不适当地进行加工，甚至与生产企业争利，这就违背了流通加工的初衷，或者说其本身已不属于流通加工范畴。

课后任务

工作任务

学习记录

一、专业术语

1. 进料加工
2. 来料加工
3. 保税货物
4. 保税物流
5. 保税港区

二、判断题

1. 流通加工是生产加工在流通领域的延伸，也可以看成是流通领域为了提供更好的服务而在职能方面的扩展。（　　）

2. 货物分拣是指根据不同客户的订单需求，对货物进行分区、装包、称重、制作货物清单等业务活动，目的是保证货物准确发运。（　　）

3. 流通加工是一种高投入、低产出的加工方式，往往以简单的加工解决大问题。（　　）

4. 实践证明，流通加工提供的利润高于从运输和保管中挖掘的利润。（　　）

5. 流通加工是对生产加工的代替。（　　）

三、单选题

1. 以下不属于流通加工的特点是（　　）。

A. 专业化　　B. 黏性好

C. 高附加值　　D. 分散化

2. 一般来说，为衔接单品种、大批量生产与多样化需求的流通加工，流通加工地点设置在（　　）。

A. 生产加工制造地　　B. 需求地

C. 中转地　　D. 原材料生产地

3. 贴标签是一项业务量非常大的流水式作业。以下不属于目前的贴标签形式是（　　）。

A. 手工贴标签　　B. 半自动化贴标签

C. 全自动机器贴标签　　D. 打印标签

四、多选题

1. 流通加工不合理的原因有（　　）。

A. 地点设置不合理

B. 方式选择不当

C. 成本过高，效益过低

D. 流通加工作用未充分发挥

2. 流通加工主要作用表现在（　　）。

A. 进行初级加工，方便用户提高原材料利用率

B. 提高加工效率及设备利用率

C. 充分发挥各种运输手段的最高效率

D. 改变品质，提高收益

五、简答题

1. 阐述流通加工的活动内容。

2. 阐述流通加工合理化的途径。

评价与分析

以小组为单位，展示本组成果，根据以下评分标准进行评分。

评 分 表

班级		姓名		学号		日期	
序号	评价内容	评价标准		分值	评分		
					自我评价（20%）	组间评价（30%）	教师评价（50%）
1	自我学习能力	1. 能进行时间管理。 2. 能选择适合自己的学习和工作方式。 3. 能随时修订计划并进行意外处理。 4. 能将已经学到的东西用于新的工作任务		10			
2	信息收集能力	1. 能根据不同需要去搜寻、获取并选择物流信息。 2. 能筛选物流信息，并进行物流分类。 3. 能使用多媒体等手段来展示信息		10			
3	市场洞察能力	1. 能从市场获取相关物流信息。 2. 能依据收集的信息，做简单的市场分析。 3. 能根据物流理论对市场信息进行分析		10			
4	与人交流能力	1. 能把握交流的主题、时机和方式。 2. 能理解对方谈话的内容，准确地表达自己的观点。 3. 能获取信息并反馈信息		10			
5	与人合作能力	1. 能挖掘合作资源，明确自己在合作中的作用。 2. 能同合作者进行有效沟通，理解个性差异及文化差异		10			
6	解决问题能力	1. 能说明何时出现问题并指出其主要特征。 2. 能制订解决问题的计划并组织实施。 3. 能对解决问题的方法适时地做出总结和修改		10			

续表

序号	评价内容	评价标准	分值	评分		
				自我评价（20%）	组间评价（30%）	教师评价（50%）
7	革新创新能力	1. 能发现事物的不足并提出改进措施。 2. 能创新性地提出改进意见和具体的改进方法。 3. 能从多种方案中选择最佳方案，在现有条件下进行实施	10			
8	流通加工知识掌握程度	1. 物流流通加工的定义。 2. 现代物流流通加工术语	10			
9	流通加工活动知识掌握程度	1. 流通加工的活动内容。 2. 流通加工的地位和作用。 3. 流通加工的特点	10			
10	流通加工合理化知识掌握程度	1. 流通加工不合理的原因。 2. 流通加工合理化的途径	10			
总分			100			
评价						

单元评估

职业核心能力测评表

（在□中打√，A通过，B基本通过，C未通过）

职业核心能力	评估标准	自测结果
自我学习能力	1. 能进行时间管理。	□A □B □C
	2. 能选择适合自己的学习和工作方式。	□A □B □C
	3. 能根据进展修订计划并进行意外处理。	□A □B □C
	4. 能将已经学到的东西用于新的工作任务	□A □B □C
信息收集能力	1. 能根据不同需要去搜寻、获取并选择物流信息。	□A □B □C
	2. 能筛选物流信息，并进行物流分类。	□A □B □C
	3. 能使用多媒体等手段来展示信息	□A □B □C
市场洞察能力	1. 能从市场获取相关物流信息。	□A □B □C
	2. 能依据收集的信息，做简单的市场分析。	□A □B □C
	3. 能根据物流理论对市场信息进行分析	□A □B □C
与人交流能力	1. 能把握交流的主题、时机和方式。	□A □B □C
	2. 能理解对方谈话的内容，准确地表达自己的观点。	□A □B □C
	3. 能获取信息并反馈信息	□A □B □C
与人合作能力	1. 能挖掘合作资源，明确自己在合作中的作用。	□A □B □C
	2. 能同合作者进行有效沟通，理解个性差异及文化差异	□A □B □C
解决问题能力	1. 能说明何时出现问题并指出其主要特征。	□A □B □C
	2. 能制订解决问题的计划并组织实施。	□A □B □C
	3. 能对解决问题的方法适时地做出总结和修改	□A □B □C
革新创新能力	1. 能发现事物的不足并提出改进措施。	□A □B □C
	2. 能创新性地提出改进意见和具体的改进方法。	□A □B □C
	3. 能从多种方案中选择最佳方案，在现有条件下进行实施	□A □B □C
学生签字：	教师签字：	20 年 月 日

专业能力测评表

（在□中打√，A 掌握，B 基本掌握，C 未掌握）

专业能力	评价指标	自测结果	备注
流通加工	1. 物流流通加工的定义。 2. 现代物流流通加工术语	□A　□B　□C □A　□B　□C	
流通加工活动	1. 流通加工的活动内容。 2. 流通加工的地位和作用。 3. 流通加工的特点	□A　□B　□C □A　□B　□C □A　□B　□C	
流通加工合理化	1. 流通加工不合理的原因。 2. 流通加工合理化的途径	□A　□B　□C □A　□B　□C	
教师评语：			
成绩		教师签字	

项目 3

知晓装卸搬运

项目导学

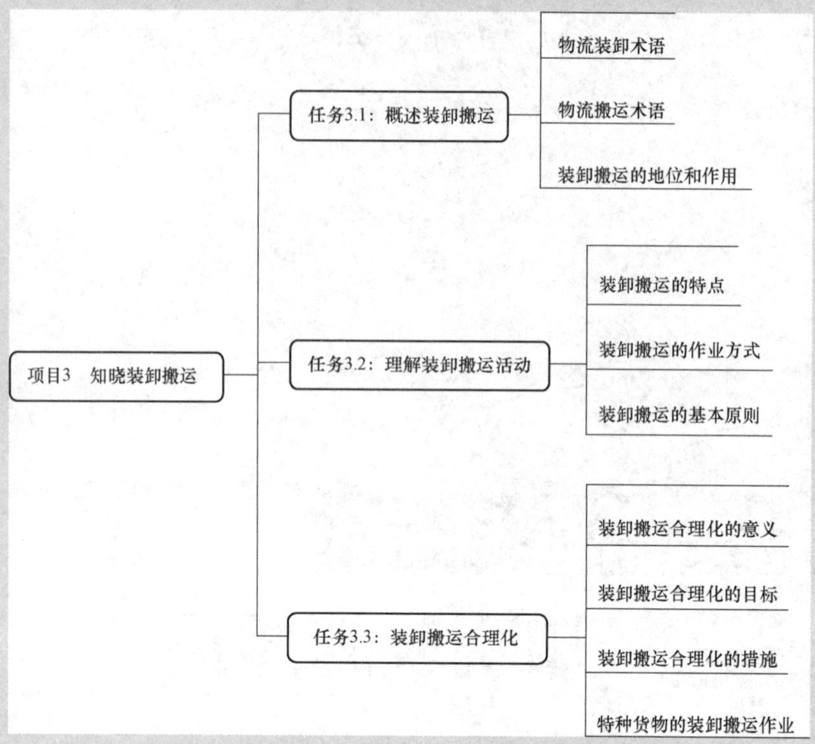

知识目标

1. 理解物流装卸搬运术语。
2. 掌握装卸搬运原则。
3. 了解装卸搬运的特点和意义。

技能目标

1. 能够辨别装卸搬运的作业方式。
2. 能够运用装卸搬运合理化措施提高作业的有效性。
3. 能够对特种货物的装卸搬运提出合理化建议。

学习笔记

洋山港日均装卸集装箱 6.3 万标箱

2020 年 12 月，国家移民局出台服务长三角航运枢纽建设十项新措施，包括多系统数据比对使入出港外轮船员免予查验出入境证件，对长三角移泊到洋山港的船舶免办入出港手续等。

十项新措施实施一个月后，记者从洋山边检方面了解到，即使 2021 年 1 月 1 日以来洋山港遭遇多年一遇的寒潮，但日均出入境（港）船舶 24 艘次，装卸集装箱 6.3 万标箱，呈现开年即冲刺的良好状态。而在 2020 年，洋山港吞吐量才 2 022.2 万标箱，装卸作业效率大幅提高。

为使边检通关手续办理和生产装卸作业无缝衔接，实施十项新措施一个月以来，洋山边检站进机关、赴企业、上外轮、访港区，先后走访相关政府部门、口岸联检单位、港航企业等单位宣传讲解十项措施，让相关部门、企业及时了解便利措施、及时享受政策红利。这些措施，减少了边检民警的登轮核查次数，节约了装卸作业等待时间，进一步提升了港口的生产作业效率。

（资料来源：谢赠，叶真于. 新闻晨报，2021-01-17）

思考：洋山港提高装卸作业效率的依据是什么？你了解哪些港口装卸设备？

请在此处写下你的分析

任务 3.1　概述装卸搬运

3.1.1　物流装卸术语

《物流术语》（GB/T18354—2021）对装卸（loading and unloading）定义为：在运输工具间或运输工具与存放场地（仓库）间，以人力或机械方式对物品进行载上载入或卸下卸出的作业过程。以下有关物流装卸的术语皆来源于《物流术语》（GB/T 18354—2021）。

① 单元装卸（unit loading and unloading）。用托盘、容器或包装物将小件或散状物品集成一定质量或体积的组合件，利用机械对组合件进行装卸的作业方式。

② 集装化（unitization）。用集装器具或采用捆扎方法，把物品组成标准规格的货物单元，以便进行装卸、搬运、储存、运输等物流活动的作业方式。

③ 货场（freight yard）。用于储存和保管货物、办理货物运输，并具有货物进出通道和装卸条件的场所。

④ 航空港（airport）。位于航空运输线上，依托机场的建筑物和设施，开展货物装卸暂存、中转分拨等物流业务的基础设施（区域）。

⑤ 码头（wharf）。供船舶停靠、装卸货物等相关作业的水工建筑物及场所。

⑥ 调节板（dock leveler）。用于调整站台与货车底板间的高度差，以便于装卸作业的一种设备。

3.1.2　物流搬运术语

《物流术语》（GB/T 18354—2021）将搬运（handling）定义为：在同一场所内，以人力或机械方式对物品进行空间移动的作业过程。以下有关物流搬运的术语皆来源于《物流术语》（GB/T 18354—2021）。

① 叉车（fork lift truck）。具有各种叉具及属具，能够对物品进行升降和移动以及装卸作业的搬运车辆。

② 自动导引车（automatic guided vehicle，AGV）。在车体上装备有电磁学或光学等导引装置、计算机装置、安全保护装置，能够沿设定的路径自动行驶，具有物品移载功能的搬运车辆。

③ 起重机械（hoisting machinery）。一种以间歇作业方式对物品进行起升、下降和水平移动的搬运机械。

④ 升降台（lift table，LT）。能垂直升降和水平移动物品或集装单元器具的专用设备。

⑤ 输送机（conveyor）。按照规定路线连续地或间歇地运送散状物品或成件物品的搬运机械。

⑥ 带板运输（palletized transport）。将货物按照一定规则，合理码放到标准托盘

上并整合为标准化物流单元，进而开展装卸、搬运、运输、配送等作业的一种运输活动。

⑦ 集装单元（unitized unit）。用专门器具盛放或捆扎处理的，便于装卸、搬运、储存、运输的标准规格的单元货件物品。

3.1.3 装卸搬运的地位和作用

从定义上可以看出，装卸是从原材料输送给工厂开始，到厂商或商品消费者手中的全部流通过程中，伴随包装、保管、运输所必须进行的活动；搬运是指在同一场所内，以对物品进行水平移动为主的物流作业。装卸是改变物品存放、支撑状态的活动，搬运是改变物品空间位置的活动，两者合称为装卸搬运。广义的装卸则包括了搬运活动。此外，搬运与运输的区别主要是物体的活动范围不同。运输活动是在物流节点之间进行的；而搬运则是在物流节点内进行的，并且是短距离的移动，是一定范围内的水平移动，超过了这个范围，则是运输活动。在实际操作中，装卸与搬运活动是密不可分的，两者是伴随在一起发生的。装卸搬运活动是物流各项活动中出现频率最高的一项作业活动，其效率的高低直接影响物流的整体效率。

1. 装卸搬运的地位

由于装卸搬运是物流活动中最频繁的活动，其基本的动作包括装车、装船、卸货、堆垛、出入库以及连接上述各项动作的短程输送。在物流过程中，装卸活动是不断出现和反复进行的，它出现的频率高于其他各项物流活动。装卸活动每次都要花费很长时间，所以往往成为决定物流速度的关键。装卸活动所消耗的人力很多，所以装卸费用在物流成本中占比也较高。以我国为例，铁路运输始发和到达的装卸作业费占运费的 20%左右，搬运费占运费的 40%左右。因此，降低物流费用，装卸搬运是重要环节。此外，进行装卸操作时往往需要接触货物，这是在物流过程中造成货物破损、散失、损耗、混合等损失的主要环节。例如，袋装水泥纸袋破损和水泥损失主要发生在装卸过程中，玻璃、机械、器皿、煤炭等物品在装卸时最容易造成损失。由此可见，装卸活动是影响物流效率、决定物流技术经济效果的重要环节。

2. 装卸搬运的作用

在物流过程中，运输能产生“空间效用”，保管能产生“时间效用”，装卸搬运虽然不能创造出新的效用，但却是物流各项活动中出现频率最高的一项作业活动。无论是商品的运输、储存和保管，还是商品的配送、包装和流通加工，都离不开装卸搬运。

1）装卸搬运是影响物流效率的重要环节

装卸搬运是随着运输和保管而产生的必要物流活动，是对运输、保管、包装、流通加工等物流活动进行衔接的中间环节，以及在保管等活动中为进行检验、维护、保养所进行的装卸活动，如货物的装上卸下、移送、拣选、分类等。在物流活动的全过程中，装卸搬运是频繁发生的，因而装卸搬运所占用的时间是影响物流效率的重要因素。当铁路运输距离低于 500 千米时，装卸搬运的时间则超过实际运输的时间。美国和日本之间的远洋船运，在一个往返周期的 25 天中，在途时间为 1～3 天，而装卸搬运则需要 12 天。另外，在从生产到消费的流通过程中，由于装卸搬运的频繁发生，装卸搬运的好坏对物流成本的影响很大，装卸搬运作业与物品被破坏、污损造成的损失密切相关，且对货物的包装费用也有一定的影响。对装卸搬运的管理，主要是对装卸搬运方式的选择运用，对装卸搬运机械设备的选择、合理配置与使用，以及装卸搬运合理化，做到尽可能减少装卸搬运次数，避免造成商品损失，以提高物流的效率。

2）装卸搬运是影响物流成本的重要因素

装卸搬运是伴随着物流的各项活动不断出现和反复进行的，它出现的频率较高，每次装卸搬运活动都要花费很长时间。所以，装卸搬运往往成为决定物流速度的关键。装卸活动消耗的人力多，所以装卸费用在物流成本中所占的比例较高。根据有关部门统计，我国生产 1 吨成品，需进行 252 吨次的装卸搬运，搬运费用是加工成本的 15.5%。同时，装卸搬运工具、设施、设备不先进的话，会导致搬运装卸效率低，货品流转时间长，货品破损概率就会增加，会增大物流成本。因此，为了抓好装卸搬运这个重要环节，就需要提高物料运输和存放过程的自动化程度，这对改进物流管理、提高产品质量、降低生产成本、缩短生产周期、加速资金周转和提高整体效益有重要意义。

3）装卸搬运是连接其他物流环节的主要桥梁

装卸搬运是为运输和保管的需要而进行的作业。例如，运输保管、包装和流通加工等物流活动，都是靠装卸搬运连接起来的；在保管等活动中为进行检验、维护、保养所进行的装卸活动，如货物的装上卸下、入库出库、移送和分类等也要通过装卸搬运来完成。但是，相对于运输产生的场所效用和保管产生的时间效用来说，装卸搬运本身并不产生价值。然而，它又是一个不可缺少的环节。可见，装卸搬运是构成物流活动的要素之一，是进行物流活动的必要条件，是降低物流成本和提高物流速度的关键环节。装卸搬运作业的好坏不仅直接影响货物的质量和数量，而且还影响运输安全、运输设备利用效率。总之，装卸搬运是货物不同运动段之间相互转换的桥梁，正是因为有了装卸搬运，才能把物料或货物运动的各个阶段连接成连续的“流”，保证物流的正常运行。如果忽视装卸搬运，生产和流通领域轻则发生混乱，重则造成生产经营活动的停顿。所以，装卸搬运影响着物流的正常运行，决定着物流质量、物流技术水平和物流效率、物流效益。

任务 3.2　理解装卸搬运活动

3.2.1　装卸搬运的特点

装卸搬运是生产过程中不可缺少的环节，又是流通过程中物流活动的重要内容。

装卸搬运具有以下特点。

1. 装卸搬运是现代物流的附属性、伴生性的活动

无论是生产领域的加工、装配、检验，还是流通领域、消费领域中的配送、运输、仓储、包装及废物处理，装卸搬运是每一项活动在开始及结束时必然发生的活动。但是，这种必然存在性时常被忽视。其实，装卸搬运总是与其他物流环节密切相关的，是进行其他物流作业操作时不可缺少的组成部分。例如配送环节，不管是配载还是积载，都是包含有装卸搬运活动的。可见，装卸搬运是伴随着其他物流活动而进行的，是附属于其他物流活动的。

2. 装卸搬运是现代物流支持性、保障性的活动

装卸搬运为生产与流通等现代物流环节提供保障和服务。在生产与流通领域中，装卸装运的质量和效率对运输过程起着重要的制约作用。在运输过程中，货物是多种多样的，会产生不同的装卸搬运作业。装卸的停歇时间在运输时间中占有很大的比重，做好装卸搬运工作，就能缩短装卸搬运时间，加速运力的周转，提高运输效率，降低运输成本。

3. 装卸搬运是现代物流衔接性的活动

装卸搬运活动是在其他物流环节间进行过渡的活动，起到衔接作用。因此，装卸搬运往往成为整个物流的“瓶颈”，是物流环节各功能之间能否形成有机联系和紧密衔接的关键。一旦忽视了装卸搬运，无论在生产领域还是在流通领域，轻则造成生产、流通秩序的混乱，重则造成生产流通活动的停滞。例如，在新冠肺炎疫情期间，美国港口装卸不及时，导致大批船只拥堵与排队，延误了防疫物资的投放。

4. 装卸搬运是现代物流安全性的活动

效率高的装卸搬运大多机械化程度也高，因此装卸搬运作业需要人与机械、货物和其他劳动工具相结合，工作量大，情况变化多，作业环境复杂，这些都导致了装卸搬运作业中存在着不安全因素和安全隐患。装卸搬运的安全性一方面直接涉及人身，另一方面涉及物资。装卸搬运与其他物流环节相比，安全性较低，因此也需要更加重视装卸搬运的安全生产问题。为了高效完成装卸搬运工作，必须根据装卸搬运作业的特点，合理组织装卸搬运作业，不断提高装卸搬运的效率和效益。

3.2.2　装卸搬运的作业方式

装卸搬运的作业方式如图 3–1 所示。

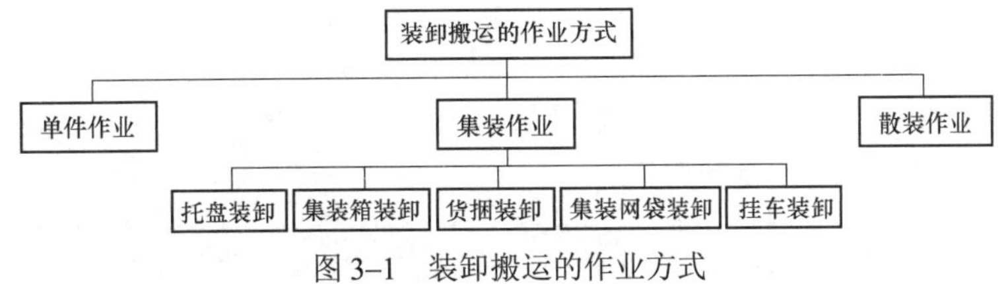

图 3–1　装卸搬运的作业方式

1. 单件作业

单件作业指的是对非集装按件计量的货物逐个进行装卸操作的作业方法。单件作业对机械、装备、装卸条件要求不高，因而机动性较强，可以在很广泛的地域内进行而不受固定设施设备的场地局限。单件作业可采取人力装卸、半机械化装卸及机械装卸。由于单件作业需要逐件处理，所以装卸速度慢；又由于需要逐件接触货体，所以也容易出现货损；反复作业的次数较多，也容易出现货差。单件作业的装卸对象主要是包装杂货，多种类、少批量货物及单件大型、笨重货物。

2. 集装作业

集装作业是对集装货载进行装卸搬运的作业方法。在装卸时，对集装体逐个进行装卸操作。与单件作业相比，集装作业也是按件处理，但集装作业“件”的单位大大高于单件作业每件的大小。对大量集装货载而言，只能采用机械进行装卸搬运，同时也必须在有条件的场所进行作业，不仅受装卸机具的限制，而且受集装货载存放条件的限制，因而机动性较差。集装作业一次作业的装卸量大，装卸速度快，且在装卸时并不逐个接触货体，仅对集装体进行作业，因而货损较小，货差也小。集装作业的对象范围较广，一般除了特大、重、长的货物和粉、粒、液、气状货物外，都可采用这种方式进行装卸作业。粉、粒、液、气状货物经过一定包装后，也可集合成大的集装货载；特大、超重、超长的货物，经适当分解处置后，也可采用集装方式进行装卸。常用的集装作业有以下 5 种。

1）托盘装卸

托盘装卸利用叉车对托盘货载进行装卸，属于“叉上叉下”方式。由于叉车本身有走行机构，所以，在装卸的同时可以完成小搬运而无须落地过渡，因而具有水平装卸的特点。托盘装卸常常需要叉车与其他设备、工具配合，才能有效地完成全部装卸过程。

2）集装箱装卸

集装箱装卸主要指利用铁路、货场、港口岸边等的固定吊车（岸桥）、龙门吊车等各种垂直起吊设备对货物进行的“吊上吊下”式装卸，以及短距离的水平移动。如果需要一定距离的搬运，则还需与搬运车配合。小型集装箱也可以和托盘一样采用叉车进行装卸。

3）货捆装卸

货捆装卸主要采用各种类型的起重机进行装卸，货捆的捆具可与吊具、索具有效配套进行“吊上吊下”式的装卸。小尺寸货捆可采用一般叉车装卸，大尺寸货捆还可采用侧式叉车装卸。货捆装卸适用于大尺寸货物、块条状货物、强度较高无须保护的货物。

4）集装网袋装卸

集装网袋装卸主要采用各种类型的吊车进行“吊上吊下”作业，也可与各种搬运车配合进行吊车所不能及的搬运。

> **提示：**货捆装卸与集装网袋装卸有一个的突出优点，即货捆的捆具及集装袋、集装网本身重量轻，又可折叠，装卸作业效率高。

5）挂车装卸

挂车装卸指利用挂车的走行机构，连同车上组合成的货物一起拖行到火车车皮上或船上的装卸方式，属于水平装卸，即“滚上滚下”的装卸方式。

6）其他方式

其他集装作业的装卸方式还有滑板装卸、无托盘集装装卸、集装罐装卸等。

3. 散装作业

散装作业是指对大批量粉状、粒状货物进行无包装散装、散卸的作业方法。

散装作业的装卸可连续进行，也可间断进行，但都需采用机械化设施和设备。在特定情况下，且批量不大时，也可采用人力装卸。

3.2.3　装卸搬运的基本原则

装卸搬运的基本原则如图3–2所示。

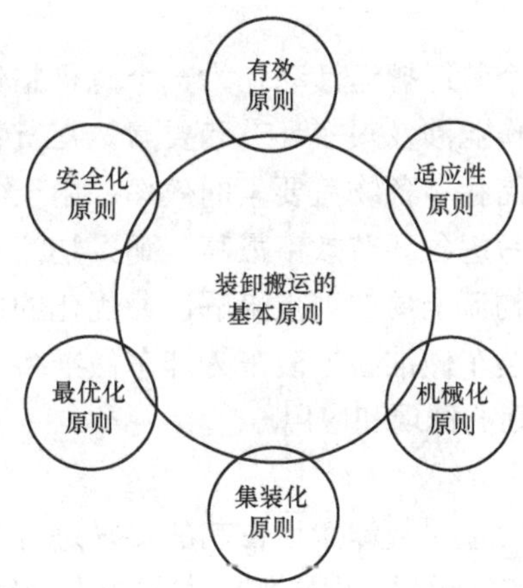

图3–2　装卸搬运的基本原则

1. 有效原则

按一定的操作过程进行货物的装卸搬运时，还要完成许多作业。作业即产生费用，应避免无效作业。避免无效作业可采取多种措施：

① 减少作业数，使搬运距离尽可能缩短。

② 提高搬运纯度，只搬运必要的物资，如有些物资要去除杂质之后再搬运比较合理。

③ 避免过度包装，减少无效负荷。

④ 提高装载效率，充分利用搬运机器的能力和装载空间。

⑤ 中空的物件可以填装其他小物品后再进行搬运。

2. 适应性原则

装卸搬运作业是各个物流环节的有机组合，只有各环节相互协调，才能使整条作业线产生预期的效果。应使装卸搬运各环节的生产率协调一致，能力相互适应。因为个别薄弱环节的生产能力决定了整个装卸搬运作业的综合能力。所以，要针对薄弱环节，采取相应措施提高能力，使装卸搬运系统的综合效率最高。

3. 机械化原则

用各种机械代替人力的各种操作来完成装卸搬运作业即为机械化作业。对于劳动强度大，工作条件差，搬运、装卸频繁且动作重复的环节，应尽可能采用有效的机械化作业方式。例如，采用自动化立体仓库可以将人力作业降到最低限度，而使机械化、自动化水平得到很大提高。即使是在人可以操作的场合，为了提高生产率、安全性、服务性及作业的适应性等，也应将人力操作转由机械来实现，而人可以在更高端的工作中发挥作用。

4. 集装化原则

将零散放置的货物归整为统一单位的集装单元，称为集装单元化。为了提高搬运、装卸和堆存效率，提高机械化、自动化程度和管理水平，应根据设备能力，尽可能地扩大货物的物流单元，如采用托盘、货箱等，这对装卸搬运作业的改善是至关重要的。发展较快的集装箱单元就是一种标准化的大单元装载货物的容器。

5. 最优化原则

最优化原则就是将各个装卸搬运活动作为一个有机整体实施系统化管理，使系统效率最大化。装卸搬运作业涉及很多环节和要素，在货物的流通过程中，应力求提高包装、装卸、运输和储存等各物流要素的效率。由于各物流要素之间存在着效益背反的关系，如果分别考虑各环节效率最高，那么物流系统总体效率就不一定能够达到最高。因此，要从物流全局的观点来解决最优化的问题。例如，铁路货运站在实践中总结的“进货为装车做准备，装车为卸车做准备，卸车为出货做准备”的作业原则，正是最优化原则的体现和应用。

6. 安全化原则

在装卸搬运作业中，要按照装卸搬运工艺的要求进行操作，并根除一切可能存在的安全隐患，保证货物完好无损，保障作业人员的人身安全，坚持文明装卸搬运。同时，不能因装卸搬运作业而损坏装卸搬运设施与设备、运载与储存设施和设备。

任务 3.3 装卸搬运合理化

3.3.1 装卸搬运合理化的意义

装卸搬运费用在物流成本中所占比重较高。据统计，在美国工业产品的生产过程中，其装卸搬运费用占总成本的 20%～30%，德国企业物流搬运费用占营业额的 1/3 左右；日本物流搬运费用占国民生产总值的 10.73%。因此，装卸搬运合理化意义深远。

现在仍有物流企业还保留着原始的人工作业，尤其是在装卸搬运环节，绝大部分还是靠人力肩扛手搬，员工在工作过程中缺乏工作激情，工作效率低下，安全性低，互相之间缺乏协作，整个工作混乱无序，整个操作缺乏规范的运营管理。除此

之外，混乱的工作流程、超负荷的工作强度，导致员工在装卸搬运工作中带着严重的不良情绪，导致如“暴力分拣”等问题的产生，也导致装卸搬运环节中搬运工与搬运工之间、搬运工与管理人员之间、搬运工与客户之间经常出现争执。另外，搬运工的不良情绪直接造成装卸搬运过程中的暴力装车和暴力卸车，货物破损严重，企业不得不为货差、货损和投诉产生的费用买单。为提高装卸搬运的工作时效，改善工作环境，减轻员工的劳动负荷，缓解工作中的各种矛盾，减少货损以及单货不符等差错，需要实现装卸搬运合理化。

3.3.2　装卸搬运合理化的目标

装卸搬运合理化的目标，主要是指装卸搬运作业的努力方向。它主要包括短距离、少时间、高品质、省费用 4 个方面，如图 3–3 所示。

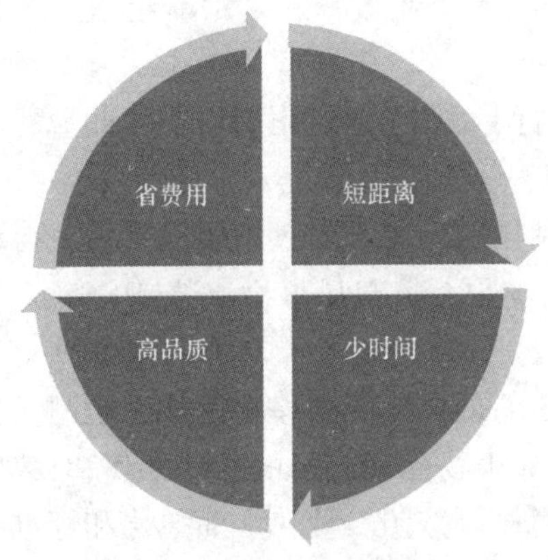

图 3–3　装卸搬运合理化的目标

1. 短距离

搬运距离的长短与搬运作业量的大小和作业效率是联系在一起的。在装卸搬运作业中，装卸搬运距离最理想的目标是“零”。货物装卸搬运不发生位移，应该说是最经济的，然而这是不可能的，因为凡是“移动”都要产生距离，距离移动得越长，费用越大；距离移动得越短，费用越小。所以，装卸搬运合理化的目标之一，就是尽可能使装卸搬运距离最短。

2. 少时间

少时间主要指货物从开始装卸搬运到完成装卸搬运的时间少。如果能尽量压缩装卸搬运的时间，就能提高物流速度，及时满足客户的需求。为此，应根据实际情况，实现装卸搬运机械化。装卸搬运实现机械化、自动化作业后，不仅大大缩短了时间，节约了费用，提高了效率，而且通过装卸、搬运环节的有效连接，还能激活整体物流过程。所以，装卸搬运时间尽量短是装卸搬运合理化的重要目标之一。

3. 高品质

装卸搬运高品质是装卸搬运合理化目标的核心。装卸搬运作业高品质，是为客户提供优质服务的主要内容之一，也是保证生产顺利进行的重要前提。按要求的数量、品种，安全、及时地将货物装卸搬运到指定的位置，是装卸搬运合理化的主体和实质。

4. 省费用

在装卸搬运合理化目标中，既要求距离短、时间少、品质高，又要求省费用，这看起来似乎是矛盾的，实际上如果真正实现装卸搬运机械化和物流现代化，装卸搬运费用肯定能大幅度地节省。采取机械化、自动化装卸搬运作业方式，既能大幅度削减作业人员，又能降低人工费用。为此，应合理规划装卸搬运工艺，设法提高装卸作业的机械化程度，尽可能地实现装卸搬运作业的连续化，从而提高装卸搬运作业效率，降低装卸搬运成本。

装卸搬运合理化问题，一直是物流界关注的重要问题。日本物流界在长期的物流实践中，总结出了提高物流作业效率的“六不让作业法”，很值得借鉴。“六不让作业法”的具体内容如下：

① 不让等。即闲置时间为零。通过正确安排作业流程和作业量，使作业人员和作业机械能连续工作，不出现闲置现象。

② 不让碰。即与物品接触为零。通过利用机械化、自动化物流设备进行物流装卸、搬运、分拣作业，让作业人员在从事物流装卸、搬运、分拣等作业时尽量不直接接触物品，以减少货损。

③ 不让动。即缩短移动距离，减少移动次数。通过优化仓库内的物品放置位置和采用自动化搬运工具，减少物品和人员的移动距离和移动次数。

④ 不让想。即操作简便。按照专业化、简单化和标准化的原则分解作业活动，优化作业流程，并应用计算机等现代化手段，使物流作业的操作简便化。

⑤ 不让找。即操作方便。通过作业现场管理，使作业现场的工具和物品放置在一目了然的地方，不用找。

⑥ 不让写。即无纸化。通过应用条码技术、信息技术等，使作业记录自动化。

3.3.3 装卸搬运合理化的措施

1. 防止和消除无效作业

无效作业是指在装卸作业活动中，超出必要装卸、搬运量的作业。显然，防止和消除无效作业，对装卸作业的经济效益有重要作用。为了有效地防止和消除无效作业，应做到尽量减少装卸次数，提高被装卸物料的纯度，包装要适宜，缩短搬运作业的距离。

2. 提高装卸搬运的灵活性

装卸搬运的灵活性，是指对物料进行装卸作业的难易程度。所以，在堆放货物时，事先要考虑到物料装卸作业的方便性。装卸搬运的灵活性，根据物料所处的状态可以分为不同的级别，如表 3-1 所示。

表 3–1　装卸搬运灵活性级别

级别	物料所处状态
0 级	物料杂乱地堆在地面上的状态
1 级	物料装箱或经捆扎后的状态
2 级	箱子或被捆扎后的物料，下面放有枕木或其他衬垫后，便于叉车或他机械作业的状态
3 级	物料被放于台车上或用起重机吊钩钩住，处于即刻移动的状态
4 级	物料的装卸、搬运作业已经启动，处于直接作业的状态

从理论上讲，灵活性级别越高越好，但必须考虑到实施的可能性。例如，物料在存放阶段，灵活性级别为 4 的直接作业状态和灵活性级别为 3 的即刻移动状态，在一般的仓库中很少被采用，这是因为大批量的物料不可能存放在输送带和车辆上。在整个物流过程中货物需要经过多次装卸搬运，前一道卸货作业与后一道装载搬运作业关系密切。因此在组织装载搬运作业时，应灵活运用各种装卸、散运工具和设备，并且上一道作业要为下一道作业着想，以提高装卸搬运的灵活性级别。

3. 实现装卸作业的省力化

装卸搬运使物料发生垂直和水平位移，要尽力实现装卸作业的省力化。在装卸作业中，应尽可能消除重力的不利影响。在有条件的情况下，利用重力进行装卸，可减轻劳动强度和能量消耗。

① 在搬运作业中，不用手搬，而是把物料放在台车上，由台车承担物体的重量，工作人员只要克服滚动阻力，使物料水平移动即可，这无疑是十分省力的。

② 利用重力移动货架是一种利用重力进行省力化装卸的作业方式。重力式货架的每层均有一定的倾斜度，货箱或托盘可沿着倾斜的货架层板滑到输送机械上。物料滑动的阻力越小越好，通常货架层板表面处理得十分光滑，或者在货架层板上装有滚轮，或者在承重物资的货箱或托盘下装有滚轮，这样将滑动摩擦变为滚动摩擦，物料移动时所受到的阻力会更小。

4. 合理组织装卸搬运设备，提高装卸搬运作业的机械化水平

装卸搬运设备的运用组织以完成装卸任务为目的，并以提高装卸设备的生产率、装卸重量，降低装卸搬运作业成本为中心，它包括以下内容。

① 确定装卸任务量。

② 根据装卸任务和装卸设备的生产率，确定装卸搬运设备需用的台数和技术特征。

③ 根据装卸任务、装卸设备的生产率和需用台数，编制装卸作业进度计划，包括装卸搬运设备的作业时间表、作业顺序、负荷情况等详细内容。

④ 下达装卸搬运进度计划，安排劳动力和作业班次。

⑤ 统计和分析装卸作业成果，评价装卸搬运作业的经济效益。随着科技的进步，装卸搬运的机械化程度不断提高。装卸搬运的机械化能把工人从繁重的体力劳动中

解放出来，尤其对于危险品的装卸作业，机械化装卸能保证人和货物的安全，这也是装卸搬运机械化程度不断提高的优势所在。

5. 推广组合化装卸搬运

在装卸搬运作业过程中，根据物料的种类、性质、形状、重量来确定采用装卸作业方式。物料装卸搬运的方法有三种：一是分块处理，即将普通包装的物料逐个进行装卸；二是散装处理，即将颗粒状物料不加小包装原样装卸；三是集装处理，即将物料以托盘、集装箱、集装袋为单位进行组合后装卸。对于包装的物料，尽可能进行集装处理，以实现单元化装卸搬运。组合化装卸搬运具有以下优点。

① 装卸单位大，作业效率高，可大量节约装卸作业时间。

② 能提高物料装卸搬运的灵活性。

③ 操作单元大小一致，易于实现标准化作业。

④ 不需要用手触及各种物料，可以达到保护物料的效果。

6. 合理规划装卸搬运方式和装卸搬运作业过程

装卸搬运作业过程是指对整个装卸作业的连续性进行合理安排，以减少运距和装卸次数。装卸搬运作业现场的平面布置是直接关系到装卸搬运距离的关键因素，装卸搬运机械要与货场长度、货位面积等相互协调。要有足够的场地集结货场，并满足装卸搬运机械工作面的要求，场内的道路布置要为装卸搬运创造良好的条件，以利于加速货位周转。装卸搬运距离达到最小的平面布置，是减少装卸搬运距离最理想的方法。

7. 提高装卸搬运作业的连续性

提高装卸搬运作业的连续性需要做到：

① 在作业现场装卸搬运机械合理衔接。

② 不同的装卸搬运作业在相互联结使用时，装卸搬运速率要相等或相近。

③ 充分发挥装卸搬运调度人员的作用，一旦发生装卸搬运作业障碍或出现作业停滞，立即采取有效措施补救。

3.3.4 特种货物的装卸搬运作业

特种货物的装卸搬运作业，包括危险货物、超限货物、鲜活货物等的装卸搬运作业等。在进行铁路、水路、公路危险货物运输和危险货物集装箱运输时，超限货物、鲜活货物的运输组织与管理规定是特种货物装卸搬运作业的依据，在设备选择与作业设计中要给予足够的重视。特种货物物流的特点如下。

① 货物本身的特殊性。

② 载运工具的专用性。

③ 储运过程的安全性。

④ 监控过程的完整性。

⑤ 人员素质的综合性。

1. 危险货物装卸搬运

危险货物是指列入《危险货物品名表》，具有爆炸、易燃、毒害、腐蚀、放射性

等特性，在水路运输、港口装卸和储存等过程中容易造成人身伤亡和财产毁损而需要特别防护的货物。如图 3-4 所示的汽油运输车中运输的汽油，就属于危险货物。

图 3-4 汽油运输车

危险货物物流问题主要表现为以下几点。

① 物流效率低，事故多，社会关联影响大。

② 多头管理，职能交叉，效能不足。

③ 物流企业规模较小，现代化水平低。

④ 从业人员素质低。

⑤ 事故应急机制落后。

危险货物物流发展对策主要包括以下几点。

① 建立统一、规范的危险品物流行业标准。

② 合理规划、设计危险品物流网络。

③ 用信息化推动物流现代化。

④ 发展专业化危险品物流，提倡发展第三方物流。

⑤ 建立全国性的危险品物流管理信息平台。

2. 超限货物装卸搬运

超长、超限、集重等货物在运送上对车辆及加固方法都有特殊要求，需要进行专门研究来完成装卸搬运任务。大件货物类型比较固定，主要有发电机定子、转子、锅炉汽包、水冷壁，除氧水箱、大板梁、上下机架、主轴、座环、主变压器、化工反应器及一些常用军工设备等。大件运输具有以下特点：

① 大件运输的对象都具有超长、超大、超高、超重的特征，要运用牵引车、全挂平板车、低平板运输车，各类型平板门架、汽车吊等运输工具接驳转运至目的地。

② 大件运输的最大特点是运输前期工作复杂，运输过程对空间、技术要求高。

③ 大件运输市场竞争日趋激烈，对大件、重件、非标准件（几何中心或重心偏离）运输的装卸搬运也提出了严峻挑战。

④ 大件运输的未来发展趋势将会呈现出多种运输方式并存的局面，公路、铁路和水路三种运输方式联运也将成为一种选择。

3. 鲜活易腐货物装卸搬运

鲜活易腐货物是指在一般运输条件下易于死亡或变质腐烂的货物，如虾、蟹类；肉类；花卉；水果；蔬菜类；沙虫、活赤贝、鲜鱼类；植物、树苗；蚕种；蛋种；乳制品；冰冻食品；药品；血清、疫苗、人体白蛋白、胎盘球蛋白等。此种货物，一般要求在运输和保管中采取特别的措施，如冷藏、保温等，以保持其鲜活或不变质。鲜活易腐货物的收运条件如下。

① 鲜活易腐货物应具有必要的检验合格证明和卫生检疫证明，还应符合有关到达站国家关于此种货物进出口和过境的规定。

② 托运人交运鲜活易腐货物时，应书面提出在运输中需要注意的事项及允许的最长运输时间。

③ 除识别标签外，货物的外包装上还应拴挂“鲜货易腐”标签和“不可倒置”标签。运输鲜活易腐货物必须遵守有关国家对鲜活易腐货物进出口、转口的运输规定。比如，机场能否提供冷库、清关的时间范围等，确定无误后方可承运。鲜活易腐货物需采用冷链运输，在运输中对外界高温或低温通常需要采取防护措施。

《国际铁路货物联运协议》附件《国际铁路联运易腐货物运送规则》将易腐货物分为 13 类，包括：

① 鲜的和罐头的蔬菜和蘑菇；

② 鲜的和罐头的水果和浆果；

③ 肉类、肉制品和牲畜的脂油；

④ 奶类和奶制品；

⑤ 蛋类和冰蛋；

⑥ 鱼类、鱼制品和虾类；

⑦ 人造黄油、含有鹅油的人造黄油、混合脂油以及人造植物性脂油；

⑧ 含酒精的饮料；

⑨ 不含酒精的饮料；

⑩ 水果和浆果制成的糖酱；

⑪ 面包酵母（压缩的）；

⑫ 密封的罐头；

⑬ 活植物。

课后任务

工作任务

学习记录

一、专业术语

1. 单元装卸
2. 集装化
3. 升降台
4. 输送机
5. 集装单元

二、判断题

1. 搬运与运输的区别主要是物体的活动范围不同，搬运是在物流结点之间进行的，而运输活动则是在物流结点内进行的。 （ ）

2. 在物流过程中，装卸活动是不断出现和反复进行的，它出现的频率高于其他各项物流活动。 （ ）

3. 装卸活动是影响物流效率、决定物流技术经济效果的重要环节。 （ ）

4. 对大量集装货载而言，既能采用机械进行装卸搬运，又能采用人力装卸。 （ ）

5. 托盘装卸是利用叉车对托盘货载进行装卸，属于“吊上吊下”方式。 （ ）

6. 货捆装卸适用于小尺寸货物、块条状货物、强度较高无须保护的货物。 （ ）

7. “六不让作业法”是日本物流界总结提出的。

（ ）

8. 装卸搬运距离达到最小的平面布置，是减少装卸搬运距离最理想的方法。 （ ）

9. 鲜活易腐货物应具有必要的检验合格证明和卫生检疫证明，还应符合有关到达站国家关于此种货物进出口和过境的规定。 （ ）

三、单选题

1. 装卸搬运合理化目标的核心是（ ）。

A. 时间少　　B. 短距离

C. 高品质　　D. 费用少

2. 以下不属于“六不让作业法”的是（ ）。

A. 不让等　　B. 不让碰

C. 不让用　　D. 不让找

3. 以下不属于物料装卸搬运方法的是（　　）。

A. 分块处理　　B. 按件处理

C. 散装处理　　D. 集装处理

四、多选题

1. 以下属于装卸搬运特点的是（　　）。

A. 装卸搬运是现代物流的附属性、伴生性的活动

B. 装卸搬运是现代物流支持性、保障性的活动

C. 装卸搬运是现代物流衔接性的活动

D. 装卸搬运是现代物流安全性的活动

2. 装卸搬运的作业方式有（　　）。

A. 单件作业

B. 集装作业

C. 多件作业

D. 散装作业

3. 装卸搬运合理化目标，主要包括哪些方面？（　　）

A. 短距离

B. 时间少

C. 高品质

D. 省费用

4. 特种货物物流的特点包括（　　）。

A. 货物本身的特殊性

B. 载运工具的专用性

C. 储运过程的安全性

D. 监控过程的完整性

五、简答题

1. 阐述装卸搬运的作用。

2. 简述装卸搬运的基本原则。

3. 简述装卸搬运合理化的措施。

评价与分析

以小组为单位，展示本组成果，根据以下评分标准进行评分。

评 分 表

<table>
<tr><td>班级</td><td></td><td>姓名</td><td>学号</td><td></td><td>日期</td><td></td></tr>
<tr><td rowspan="2">序号</td><td rowspan="2">评价内容</td><td rowspan="2">评价标准</td><td rowspan="2">分值</td><td colspan="3">评分</td></tr>
<tr><td>自我评价（20%）</td><td>组间评价（30%）</td><td>教师评价（50%）</td></tr>
<tr><td>1</td><td>自我学习能力</td><td>1. 能进行时间管理。
2. 能选择适合自己的学习和工作方式。
3. 能随时修订计划并进行意外处理。
4. 能将已经学到的东西用于新的工作任务</td><td>10</td><td></td><td></td><td></td></tr>
<tr><td>2</td><td>信息收集能力</td><td>1. 能根据不同需要去搜寻、获取并选择物流信息。
2. 能筛选物流信息，并进行物流分类。
3. 能使用多媒体等手段来展示信息</td><td>10</td><td></td><td></td><td></td></tr>
<tr><td>3</td><td>市场洞察能力</td><td>1. 能从市场获取相关物流信息。
2. 能依据收集的信息，做简单的市场分析。
3. 能根据物流理论对市场信息进行分析</td><td>10</td><td></td><td></td><td></td></tr>
<tr><td>4</td><td>与人交流能力</td><td>1. 能把握交流的主题、时机和方式。
2. 能理解对方谈话的内容，准确地表达自己的观点。
3. 能获取信息并反馈信息</td><td>10</td><td></td><td></td><td></td></tr>
<tr><td>5</td><td>与人合作能力</td><td>1. 能挖掘合作资源，明确自己在合作中的作用。
2. 能同合作者进行有效沟通，理解个性差异及文化差异</td><td>10</td><td></td><td></td><td></td></tr>
<tr><td>6</td><td>解决问题能力</td><td>1. 能说明何时出现问题并指出其主要特征。
2. 能制订解决问题的计划并组织实施。
3. 能对解决问题的方法适时地做出总结和修改</td><td>10</td><td></td><td></td><td></td></tr>
</table>

续表

序号	评价内容	评价标准	分值	评分		
				自我评价（20%）	组间评价（30%）	教师评价（50%）
7	革新创新能力	1. 能发现事物的不足并提出改进措施。 2. 能创新性地提出改进意见和具体的改进方法。 3. 能从多种方案中选择最佳方案，在现有条件下进行实施	10			
8	装卸搬运知识掌握程度	1. 物流装卸搬运的定义。 2. 常用物流装卸搬运术语	10			
9	装卸搬运活动知识掌握程度	1. 装卸搬运的特点。 2. 装卸搬运的作业方式。 3. 装卸搬运的基本原则	10			
10	装卸搬运合理化知识掌握程度	1. 装卸搬运合理化的意义。 2. 装卸搬运合理化的措施。 3. 特种货物的装卸搬运作业	10			
总分			100			
评价						

单元评估

职业核心能力测评表

（在□中打√，A通过，B基本通过，C未通过）

职业核心能力	评估标准	自测结果
自我学习能力	1. 能进行时间管理。	□A　□B　□C
	2. 能选择适合自己的学习和工作方式。	□A　□B　□C
	3. 能根据进展修订计划并进行意外处理。	□A　□B　□C
	4. 能将已经学到的东西用于新的工作任务	□A　□B　□C
信息收集能力	1. 能根据不同需要去搜寻、获取并选择物流信息。	□A　□B　□C
	2. 能筛选物流信息，并进行物流分类。	□A　□B　□C
	3. 能使用多媒体等手段来展示信息	□A　□B　□C
市场洞察能力	1. 能从市场获取相关物流信息。	□A　□B　□C
	2. 能依据收集的信息，做简单的市场分析。	□A　□B　□C
	3. 能根据物流理论对市场信息进行分析	□A　□B　□C
与人交流能力	1. 能把握交流的主题、时机和方式。	□A　□B　□C
	2. 能理解对方谈话的内容，准确地表达自己的观点。	□A　□B　□C
	3. 能获取信息并反馈信息	□A　□B　□C
与人合作能力	1. 能挖掘合作资源，明确自己在合作中的作用。	□A　□B　□C
	2. 能同合作者进行有效沟通，理解个性差异及文化差异	□A　□B　□C
解决问题能力	1. 能说明何时出现问题并指出其主要特征。	□A　□B　□C
	2. 能制订解决问题的计划并组织实施。	□A　□B　□C
	3. 能对解决问题的方法适时地做出总结和修改	□A　□B　□C
革新创新能力	1. 能发现事物的不足并提出改进措施。	□A　□B　□C
	2. 能创新性地提出改进意见和具体的改进方法。	□A　□B　□C
	3. 能从多种方案中选择最佳方案，在现有条件下进行实施	□A　□B　□C
学生签字：	教师签字：	20　年　月　日

专业能力测评表

（在□中打√，A 掌握，B 基本掌握，C 未掌握）

专业能力	评价指标	自测结果	备注
装卸搬运	1. 物流装卸搬运的定义。 2. 常用物流装卸搬运术语	□A　□B　□C □A　□B　□C	
装卸搬运活动	1. 装卸搬运的特点。 2. 装卸搬运的作业方式。 3. 装卸搬运的基本原则	□A　□B　□C □A　□B　□C □A　□B　□C	
装卸搬运合理化	1. 装卸搬运合理化的意义。 2. 装卸搬运合理化的措施。 3. 特种货物的装卸搬运作业	□A　□B　□C □A　□B　□C □A　□B　□C	
教师评语：			
成绩		教师签字	

项目4

感受物流包装

项目导学

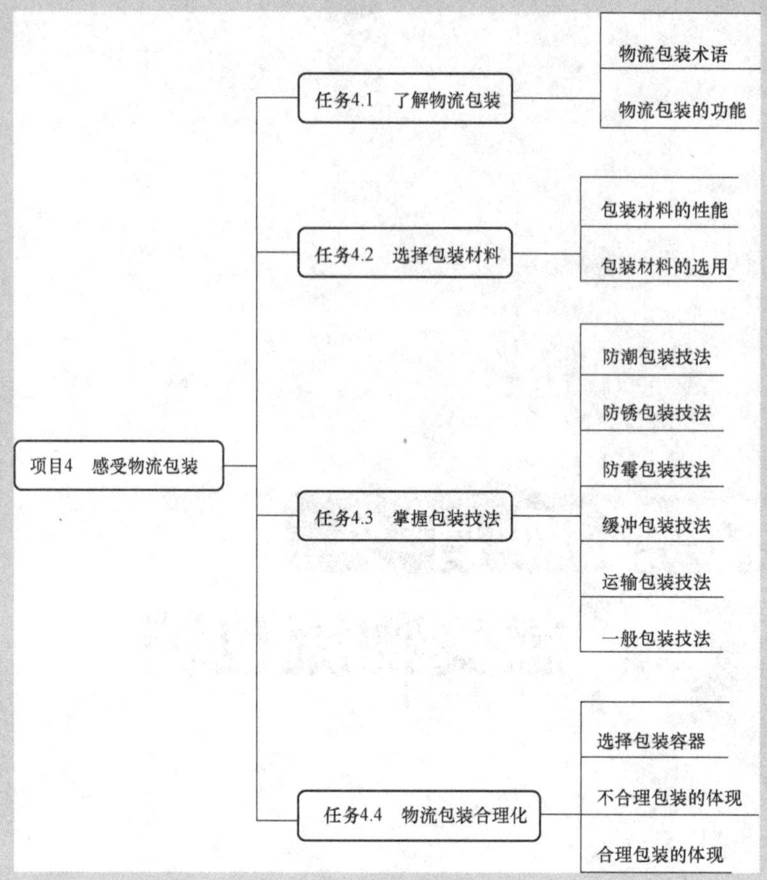

知识目标

1. 理解物流包装的功能。
2. 了解包装材料的性能以及选用的原则。
3. 掌握各种包装技法。

技能目标

1. 能够针对产品的不同特性选择合适的包装技法。
2. 能够对不合理包装提出改进意见。
3. 能够针对产品选择恰当的包装容器。

学习笔记

推进快递包装“绿色革命”

近年来，我国快递业务量稳居世界第一，同时，快递包装问题也凸显出来。2020 年，我国快递包装废物总量已超 1 000 万吨。2021 年，我国快递年业务量首次超过 1 000 亿件，快递包装废弃物还将持续增加。进一步推动快递包装绿色化，变得更加紧迫。

面对这种形势，我国对快递包装的绿色治理也在不断深入。从快递运单电子化到包装减量化，从推广可循环包装产品到加强可循环快递包装基础设施建设等，我国快递包装标准化、绿色化、循环化水平明显提升，目前正在积极探索规模化取代传统包装的路径。2020 年，《国务院办公厅转发国家发展改革委等部门关于加快推进快递包装绿色转型意见的通知》（国办函〔2020〕115 号）提出推进快递包装“绿色革命”，明确了 2022 年和 2025 年可循环快递包装应用的量化目标。国家发展改革委等部门联合下发通知，决定于 2022 年 1 月至 2023 年 12 月组织开展可循环快递包装规模化应用试点。

有调查报告显示，67.1%的消费者表示未接触过可循环快递包装，不了解也未见过专门的回收网点，一些可循环包装甚至被作为生活垃圾直接丢弃。据统计，若全部改用可生物降解塑料包装袋、环保胶带，按照 2020 年快递业务量计算，将增加 187.9 亿元成本，约占全国快递服务企业业务收入的 2.1%。推动快递包装绿色转型，需要全链条发力，从各个环节降本增效。比如，引导寄递企业围绕绿色包装等重点领域加强科技创新，从源头降低成本；也可在减少回收难度上下功夫，比如，国家邮政局正探索构建邮件快件包装物回收“逆向物流”模式。

此外，用激励手段激发公众的环保意识，让绿色消费成为生活习惯。如某邮政快递联合电商平台新铺设 1.3 万个绿色回收箱，在 2021 年“双 11”期间每天准备了 50 万个新鲜鸡蛋，送给参与快递箱回收的消费者。还可通过唤醒价值认同的方式，如网购增加付费使用绿色包装，相信有不少消费者愿意为环保出一份力。

快递包装的绿色转型，不是轻松就能实现的，需要广泛凝聚社会共识。我们为此付出的每一分努力，不仅是在

学习笔记

成就一种更有责任感的生活，更是在塑造美好环境、建设美丽中国。

（资料来源：人民日报，2022-01-17）

思考：推动快递绿色包装的路径是什么？

请在此处写下你的分析

任务 4.1 了解物流包装

4.1.1 物流包装术语

《物流术语》(GB/T 18354—2021)将包装(package；packaging)定义为：在流通过程中保护产品、方便储运、促进销售，按一定技术方法而采用的容器、材料及辅助物等的总体名称。有时包装也被称为商品包装。以下有关物流包装的定义皆来源于《物流术语》(GB/T 18354—2021)。

① 包装模数(package module)。包装容器长和宽的尺寸基数。

② 物流模数(logistics modulus)。物流设施、设备或货物包装的尺寸基数。

③ 运输包装(transport packaging)。以满足运输、仓储要求为主要目的的包装。

④ 绿色包装(green packaging)。满足包装功能要求的对人体健康和生态环境危害小、资源能源消耗少的包装。

⑤ 物流包装回收(logistics package recycling)。将物流活动过程中已使用的包装进行收集，以便处理并再次利用的过程。

⑥ 散改集(containerized transportation of bulk)。将未包装的粉末、颗粒或块状的物质转为使用集装箱运输、暂存的物流作业方式。

4.1.2 物流包装的功能

物流包装的功能如图 4–1 所示。

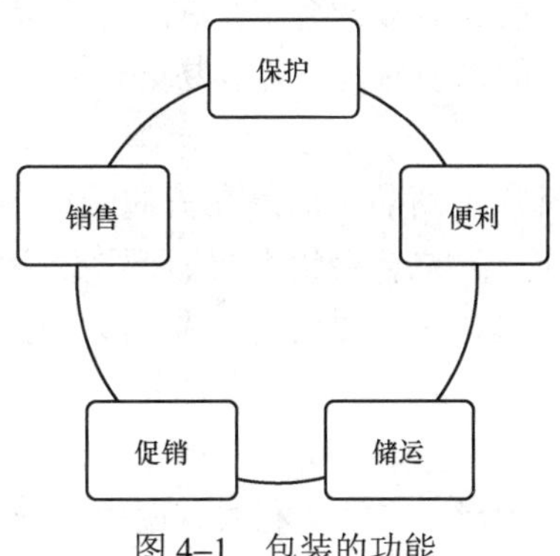

图 4–1 包装的功能

1. 保护功能

保护功能是包装的基本功能，即保护商品不受各种外力的损坏。在保护商品的同时，包装还有盛载的作用。因为商品有固体的、液体的、粉末的或膏状的等，需要盛载在一定容器中才能运输，包装就在一定程度上起到了盛载作用。

① 防止震动、挤压或撞击。商品在运输过程中要经历多次装卸、搬运，震动、撞击、挤压等在所难免，极易使一些商品变形、变质。因此，在包装选材上应该

选取那些具有稳定保护性的材料，以及设计结构合理的盛装制品才能充分发挥包装的功能。

② 防干湿变化。过于干燥、过分潮湿都会影响某些被包装物品的品质。在这一类物品的包装选材上，就应选取那些通透性良好的材料。

③ 防冷热变化。温度、湿度高低会影响某些商品的性质。适宜的温度、湿度有利于保质保鲜，不适宜的温度、湿度往往造成商品干裂、污损或霉化变质。因此，这类商品的包装在选材上要考虑温度、湿度变化对包装的适应性的影响。

④ 防止外界对物品的污染。包装能有效地阻隔外界环境与内装物品之间的联系，形成一个小范围的相对“真空”地带，这样，可以阻断不清洁环境产生的微生物对内装物品的侵害，防止污物接触物品而使其发生质变。

⑤ 防止光照或辐射。有些商品不适于被紫外线、红外线或其他光照直射。如化妆品、药品等，被光照后容易质变。这类商品的包装，重点应考虑防光照、防辐射。

⑥ 防止酸碱的侵蚀。一些商品本身具有一定的酸碱度，如果在空气中与某些碱性或酸性及具有挥发性的物质接触，就会发生潮解等化学变化，影响被包装物质的品质。如油脂类，如果用塑料制品包裹时间过长，就会产生化学变化而影响产品的品质。这类商品的包装，应与商品的酸碱性相适应。

⑦ 防止挥发或渗漏。许多液态商品具有流动性，极易使其在储运过程中受损，如碳酸饮料中溶解的二氧化碳会膨胀流失，某些芳香制剂和调味品挥发后容易失效等，而包装物的选择恰恰能避免其特性的改变。

2. 便利功能

为商品流通、消费提供方便是合理包装必备的特征。这就要求商品包装的大小、形态、包装材料、包装重量、包装标志等各个要素应为运输、保管、验收、装卸、销售等各项作业创造便利条件，也要求包装完的产品容易计量，包装、拆装作业能够简便快速地进行，拆装后的包装材料应当容易处理。

3. 储运功能

由于包装与被包装物都属于商品，商品在流通领域中就存在着仓储运输等客观因素。各类商品大小形态不一，这样会给仓储、配送、运输或储存带来许多不便，而包装恰恰能够解决这一问题，它可以统一商品的大小规格，方便储运或流通过程中的搬运或数量的清点。

4. 促销功能

包装物还可以印上各类图形、文字，利用鲜明的色彩，提醒消费者使用或注意，以达到促进消费的最终目的。

5. 销售功能

商品的包装是直接呈现给消费者的，有创意且符合消费者审美情趣的包装可以在一定程度上起到宣传和促进销售的作用，特别是在自选商店里更是如此。好的包装，每个包装箱都是一幅广告。良好的包装能够提高产品的吸引力，包装本身的价值也能吸引消费者购买产品。

任务 4.2　选择包装材料

4.2.1　包装材料的性能

包装材料指用于制造包装容器、包装装潢、包装印刷、包装运输等满足产品包装要求的材料。它既包括金属、塑料、玻璃、陶瓷、纸、竹木、天然纤维、化学纤维、复合材料等主要包装材料，又包括涂料、黏合剂、捆扎带、装潢、印刷材料等辅助材料。包装材料具有如下性能：

① 机械性能。包装材料应能有效地保护商品，因此应具有一定的强度、韧性和弹性等，以适应压力、冲击、振动等静力因素和动力因素的影响。

② 阻隔性能。根据对产品包装的不同要求，包装材料应对水分、水蒸气、光线、芳香气、异味、热量等具有一定的阻挡作用。

③ 良好的安全性能。包装材料本身毒性要小，以免污染商品，影响人体健康；包装材料应无腐蚀性，并具有防虫、防蛀、防鼠、抑制微生物生长等性能，以保护商品安全。

④ 合适的加工性能。包装材料应宜于加工，易于制成各种包装容器；易于包装作业的机械化、自动化，以适应大规模工业生产；适于印刷，便于印刷包装标志。

⑤ 较好的经济性能。包装材料应来源广泛、取材方便、成本低廉，使用后的包装材料和包装容器应易于处理，不污染环境，以免造成公害。

4.2.2　包装材料的选用

包装材料很多，一般有 6 类。其中，纸质包装材料的应用最为广泛，占比 40%～50%。

1. 纸质包装材料

纸是由植物纤维经过一系列加工过程，添加适当胶料、填料、色料制作而成的，其主要成分是纤维素。纸质包装材料可分为包装纸和纸板两大类。包装纸属于软性材料，无法形成固定形状的容器，通常用作包裹衬垫。纸板属于刚性材料，能形成固定形状的容器。

1）纸质包装材料的优点

纸质包装材料具有如下优点：

① 纸质包装材料的成形性和折叠性优良，便于加工并能高速连续生产。

② 纸质包装材料容易达到卫生要求。

③ 纸质包装材料易于印刷，便于介绍和美化商品。

④ 纸质包装材料的价格较低，不论是单位面积价格还是单位容积价格，与其他材料相比，一般都具有经济上的优势。

⑤ 纸质包装材料本身重量轻，能降低运输费用。

⑥ 纸质包装材料质地细腻、均匀，耐摩擦、耐冲击、容易粘合，不易受温度影

响，无毒、无味，易于加工，能适应不同包装的需要。

⑦ 纸质包装材料的废弃物容易处理，可回收复用和再生，不造成公害，能节约资源。

⑧ 纸板和瓦楞纸板（如图 4–2 所示）具有适宜的坚牢度、耐冲击性和耐磨性，能安全有效地保护内装产品。

图 4–2　瓦楞纸板

2）纸质包装材料的缺点

纸质包装材料也有一些缺点，如难以封口、受潮后坚固度下降，以及气密性、防潮性、透明性差等，纸质包装材料的这些缺点限制了它们在包装中的应用。

3）纸质包装材料的应用

① 在运输包装中，用瓦楞纸板制成的纸箱大有取代木箱的趋势。用纸制成的多层纸袋可用于散装产品（如水泥、化工原料等）的包装。用硬纸板制成的复合罐，可用来代替某些产品的金属罐。

② 在销售包装中，纸质包装材料应用很广，如纸袋、纸杯等。纸质复合材料制品在销售包装中的应用也相当普遍，在标签、吊牌、商标纸等方面的用途日益扩大。

③ 直接裹包产品用纸，如鸡皮纸、羊皮纸、保光泽纸、防油纸、防潮纸、防锈纸等，也有大量应用。

2. 木材

木材作为包装材料历史悠久，几乎所有的木材都可以用于包装材料，特别是作为外包装材料更具优势。由于木材资源有限，且用途比较广泛，不断有被替代品（塑料、复合材料、胶合板等）取代的趋势，所以木材作为包装材料的比重也在不断下降。但是在一定范围内，木材在包装中的应用仍然占有十分重要的地位。木材是一种天然材料，它本身因树种不同、生长环境不同、树干部位不同而在性质上产生很大差异，因此使用时应进行合理的选择和处理。木材用于包装的主要优点如下：

① 木材具有优良的强度/重量比，有一定的弹性，能承受冲击、振动、重压等。

② 木材资源广泛，可以就地取材。

③ 木材加工方便，不需要复杂的加工机械设备。

④ 木材可加工成胶合板，减轻包装重量，提高木材的均匀性，且外观良好，扩大了木材的应用范围。

但是，木材易吸收水分，易变形开裂，易腐败，易受白蚁蛀蚀，还常有异味，不利于成批地机械加工，加之受资源限制、价格高等因素的影响，限制了木材在包装中的应用。木材常用于那些体积小、重量大或体积大的产品，通常制作成小批量、高强度的包装容器，如木箱、木桶和木笼等。

3. 金属包装材料

金属包装材料是指把金属压制成薄片，用于产品包装的材料。金属包装材料主要包括钢材和铝材，其形式为薄板和金属箔。薄板为刚性材料，金属箔为软性材料。金属材料用于包装的优点如下：

① 金属材料牢固、不易破碎，不透气，防潮，防光，能有效地保护内装物。

② 金属具有良好的延展性，容易加工成型。金属加工技术成熟。钢板镀上锌、锡、铬等具有很好的防锈能力。

③ 金属表面有特殊的光泽，使金属包装容器具有良好的装潢效果。

④ 金属材料易于再生使用。

但是，金属材料在包装上的应用受到成本高、能耗大，在流通中易产生变形、易生锈等因素的限制。刚性金属包装材料主要用于加工运输包装的铁桶、集装箱，也可用于加工饮料、食品销售包装的金属罐，还有少量用于加工各种瓶罐的盖底和捆扎材料等。

> **提示：**目前，刚性金属包装材料的用量有逐步下降的趋势；软性金属包装材料的使用有逐步增加的趋势。金属和纸的复合材料包装更具广泛的应用前景。

4. 玻璃包装材料

玻璃是一种比较传统的包装材料，其主要成分为硅酸盐。玻璃用于包装具有如下优点：

① 玻璃的保护性能良好，不透气，不透湿，有紫外线屏蔽性，化学稳定性高，耐风化，不变形，耐热、耐酸、耐磨，无毒，无异味，有一定强度，能有效地保护内装物。

② 玻璃的透明性好，易于造型，具有特殊的美化商品的效果。

③ 玻璃易于加工，可制成各种规格样式的品种，对产品的适应性强。

④ 玻璃的强化技术、轻量化技术及复合技术，使玻璃对产品包装更具适应性，使其在一次性使用的包装材料中具有较强的竞争力。

⑤ 玻璃包装容器易于复用、回收，便于洗刷、消毒、灭菌，能保持良好的清洁状态，一般不会造成公害。

⑥ 玻璃原材料资源丰富且便宜，价格较稳定。

但是，玻璃作为包装材料存在着耐冲击强度低、碰撞时易破碎，自身重量大、运输成本高、能耗大等缺点，限制了玻璃在物流包装方面的应用。在运输包装中，玻璃主要用于存放化工产品（如强酸类），玻璃纤维复合袋用于存放粉状化工产品和矿产物粉料。在销售包装中，玻璃也用于制作玻璃瓶和平底杯式玻璃罐，用于存放酒、饮料、食品、药品、化学试剂、化妆品和文化用品等。

5. 塑料包装材料

塑料用作包装材料，大大改变了商品包装的面貌。塑料在包装中的应用已经成为现代商品包装的重要标志之一。塑料是一种人工合成的新型高分子材料，以合成树脂为主要成分，并添加适当的增塑剂、着色剂、稳定剂、填料、抗静电剂和润滑剂等，在一定温度、压力条件下，塑造成一定的形状，并在常温下保持其形状不变。塑料在整个包装材料中所占的比例仅次于纸和纸板，有逐步取代纸、木材、金属、陶瓷和玻璃的趋势。

塑料除了具备一般包装材料的基本性能外，还具有多种优良性能，而无其他包装材料易锈蚀、沉重易碎、易腐烂、易渗透等缺点。塑料用于包装的主要优点有：

① 塑料具有优良的物理机械性能，有一定的强度、弹性，耐折叠，耐摩擦，抗震动，防潮，还有气体阻漏等性能。

② 塑料的化学稳定性好，耐酸碱，耐化学试剂，耐油脂，防锈蚀，无毒。

③ 塑料属于轻质材料。

④ 塑料属于节能材料。

⑤ 塑料加工成型简单、多样，可以制成薄膜、片材、管材、编织布、无纺布、发泡材料等。其成型技术有很多种，如吹塑、挤压、铸塑、真空、热收缩、拉伸等。

⑥ 塑料具有优良的透明性和表面光泽，印刷和装饰性良好，能很好地传达商品信息和美化商品。

⑦ 塑料的价格具有一定的竞争力。

目前，我国塑料包装容器主要有 6 种：塑料编织袋，塑料周转箱、钙塑箱，塑料打包带、捆扎绳，塑料中空容器，塑料包装薄膜，泡沫塑料及复合材料。

6. 复合包装材料

随着科学技术的不断发展，人们对各种包装材料的理论性能不断进行研究，包装材料不断创新，出现了复合包装材料。复合包装材料是指将两种或两种以上具有不同特性的材料，通过适当的方法复合在一起，以改进单一“材料”的性能，发挥更多材料的优点。

复合包装材料在包装领域有着广泛的应用。目前，已开发研制出来的复合材料有三四十种。其中，使用较多的是塑料薄膜复合材料，另外还有纸基复合材料、塑料基复合材料、金属基复合材料等。

7. 其他包装材料

1）陶瓷包装材料

陶瓷与玻璃同属硅酸盐类材料。陶瓷包装材料是指以普通或特种陶瓷制成的包

装容器，如陶瓷罐（如图 4–3 所示）、陶瓷瓶与缸、坛、壶等容器。陶瓷包装容器是陶瓷、陶器和瓷器的总称，包括由黏土或含有黏土的混合物经混炼、成形、煅烧而制成的各种制品，从最粗糙的土器到最精细的精陶和瓷器都属于它的范围。

图 4–3　陶瓷容器

2）自然包装材料

自然包装材料是指用各种植物性或动物类的皮、壳等做成的包装材料，如贝壳、竹、木、柳、草、秸秆等编织品和棉麻编织品等。自然包装材料主要被用于土特产品和礼品包装，并赋予产品亲切感、温馨感；且具有区域地方特色，具有较高的区分度。

3）新型环保材料

新型环保材料是指为缓解白色污染而研制的最新材料，也是今后包装材料的主要发展方向，主要包括秸秆容器、真菌薄膜、玉米塑料、油菜塑料、小麦塑料、木粉塑料等。图 4–4 为秸秆纸浆餐盒。

图 4–4　秸秆纸浆餐盒

任务 4.3　掌握包装技法

产品包装技法是指在包装作业时所采用的技术和方法。任何一个产品包装件在制作和操作过程中都存在技术、方法问题，对产品包装件进行合理的技术处理，才能使产品包装形成一个高质量的有机整体。研究产品包装技法的目的是以最低的材料消耗和资金消耗，保证产品完美地送到用户手中，起到保护产品、节省材料、缩小体积、减少重量等作用。由于产品特性不同，在流通过程中受到内外部因素的影响也不同，因此需要对不同的产品采用不同的包装技法。常见的包装技法如图 4–5 所示。

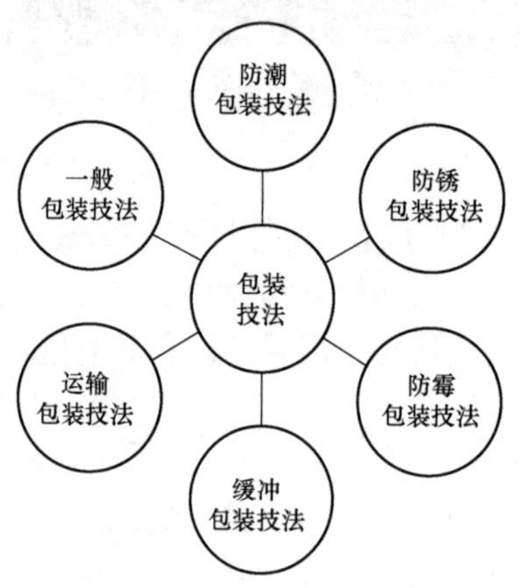

图 4–5　包装技法

4.3.1　防潮包装技法

在流通和使用过程中，产品不可避免地要受到大气中潮气及其变化的影响。大气中的潮气是引起产品变质的重要因素，如医药品、农药、食盐、食糖等会潮解变质，食品、纤维制品、皮革等会受潮变质，甚至发霉变质，金属制品会因受潮而生锈等。所谓防潮包装，就是采用防潮材料对产品进行包封以隔绝外部空气，防止相对湿度变化对产品的影响，使包装内的相对湿度符合产品的要求，从而保护产品的质量。所以，防潮包装采取的基本措施是以包装来隔绝外部空气，使产品免受空气中潮气变化的影响。还有一类非吸湿性产品（如金属、玻璃、塑料等制品），它们自身并不含有水分，或者并没有吸湿性，但必须进行防潮包装，特别是金属制品。图 4–6、图 4–7 分别是海运防潮包装袋、防潮自封包装袋。

图 4–6　海运防潮包装袋

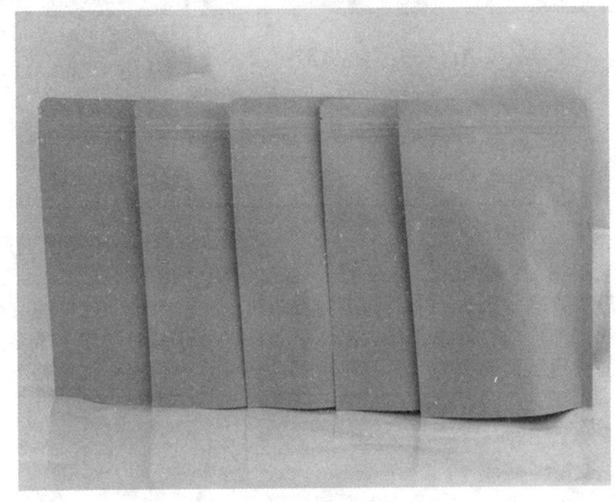

图 4–7　防潮自封包装袋

1. 包装的防潮特性

包装的防潮作用，不由包装材料的防潮性能决定，而是由封口的密封性质决定。在保证封口密封的条件下，包装的防潮特性主要指包装材料水蒸气的渗透性，如表 4–1 所示。包装防潮材料主要有玻璃、金属、塑料薄膜和加工纸制品。

表 4–1　防潮材料的水蒸气渗透性

序号	防潮材料类型	水蒸气渗透性［g/（m^2 • d)］
1	完全防潮材料	0
2	非常高的防潮材料	1
3	高度防潮材料	5
4	较好的防潮材料	15

2. 包装内部空气环境及其变化

包装容器（包装材料）的阻隔，会使包装内部空气环境和包装外部空气环境形成差异。由于一些包装材料对水蒸气不能绝对隔绝，所以其外部环境的水蒸气会透入包装内部，或内部水蒸气会透到包装外部。所以，在包装内加一些能够吸湿的干燥剂，可增加允许透进包装的水蒸气量。

3. 防潮包装方法

防潮包装等级的选用原则是：既要防止不足包装，又要防止过度包装。国家标准《防潮包装》（GB/T 5048—2017）对防潮包装进行了如表 4–2 所示的分级。

表 4–2　防潮包装等级

等级	条件		
	防潮期限	温湿度	产品性质
1 级包装	2 年	温度大于 30 ℃，相对湿度大于 90%	对湿度敏感，易生锈、易长霉或变质的产品，以及贵重、精密的产品
2 级包装	1 年	温度在 20～30 ℃之间，相对湿度在 70%～90%	对湿度轻度敏感的产品、较贵重、较精密的产品
3 级包装	0.5 年	温度小于 20 ℃，相对湿度小于 70%	湿度不敏感的产品
注：当防潮包装等级的确定因素不能同时满足要求时，应按照三个条件的最严酷条件确定防潮包装等级。亦可按照产品性质、防潮期限、温湿度条件的顺序综合考虑，确定防潮包装等级。 对于特殊要求的防潮包装，主要是防潮要求更高的包装，宜采用更加严格的防潮措施			

4.3.2　防锈包装技法

防锈包装技法是在运输、储存金属制品和零部件时，为防止其生锈而降低价值或性能所采用的包装技术和方法。其目的是消除和减少致锈的各种因素。采取适当的防锈处理，在运输和储存中除了防止防锈材料的功能受到损伤外，还要防止外部物理性破坏。金属被腐蚀是不可避免的，即使该金属制品仅有一部分是由金属制成的，也需要使用防锈包装方法。防锈包装如图 4–8 所示。

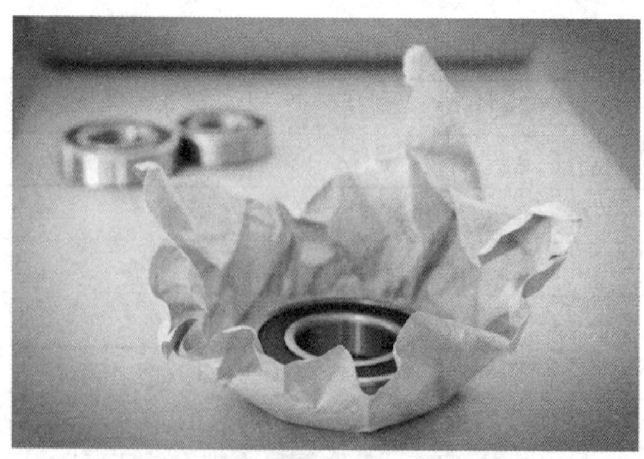

图 4–8　防锈包装

防锈包装方法是按清洗、干燥、防锈处理和包装 4 个步骤逐步进行的。

① 清洗。是尽可能消除后期生锈不可缺少的第一步。

② 干燥。指清除清洗后残存的水和溶剂。干燥应进行得迅速、可靠，否则将使清洗工作变得毫无意义。

③ 防锈处理。指清洗、干燥后，选用适当防锈剂对金属制品进行处理。这是最根本、最重要的工作。在缺少适当的防锈剂或防锈剂应用得不理想时，应该代之以密封防潮处理。

④ 包装。这一阶段除了要实现保证防锈处理效果、保护制品不受物理性损伤、防止防锈剂对其他物品污染的效果之外，还要达到便利储运和提高商品价值等目的。在进行清洗、干燥、防锈处理和包装时，应选择适当的方法加以应用。

4.3.3　防霉包装技法

包装产品的发霉变质是由霉菌引起的。霉菌是一种真菌，在一定条件下很容易在各种有机物上繁殖生长。防霉包装技法是包装防护措施之一，是为防止因霉菌侵袭内装物（产品）使之长霉影响质量而采取的防护措施，其防护途径是通过包装结构或工艺对内装产品起到防霉保护作用。防霉包装示例如图 4–9 所示。

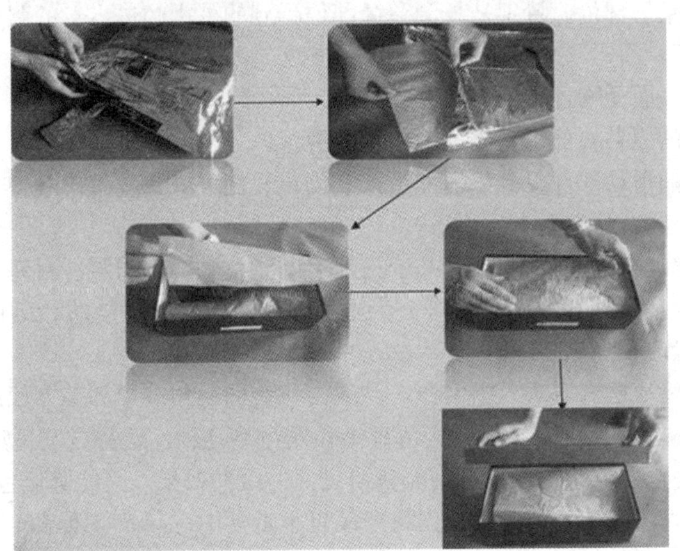

图 4–9　防霉包装示例

1. 防霉包装等级

① Ⅰ级包装。产品表面用肉眼看不见菌丝生长。

② Ⅱ级包装。产品表面霉菌呈稀疏状生长。

③ Ⅲ级包装。产品表面霉菌呈稀疏点状生长。

2. 合理选择防霉包装等级的原则

合理选择防霉包装等级的原则有两个：一是满足产品的运销使用；二是尽量减少费用，经济合理。在具体选择时，对于外观和性能均有要求的产品，可以选择Ⅰ

级包装；对霉菌不敏感或要求较低的产品，可选择Ⅰ级或Ⅱ级包装。这样可以起到抵抗或减缓霉菌生长的作用，满足产品的使用要求。

3. 防霉包装设计应考虑的因素

① 防霉包装等级，这反映了对产品的防霉要求。

② 产品的特点，即产品的抗霉性能、有无采用防霉措施和防霉处理。

③ 内外包装材料的特点，即包装材料受霉菌侵蚀损坏的敏感程度和防霉处理情况。

④ 销售目的地的气候环境。

⑤ 整个运输、装卸和储存的环境条件、时间长短、有无防霉措施等。

对于各类产品，防霉包装设计应根据上述因素来设计防霉包装结构、工艺和方法，使包装达到防霉性能最佳。

4.3.4 缓冲包装技法

缓冲包装技法是解决所包装的物品免受外界的冲击、振动，防止物品损伤的包装技术和方法。外界冲击或振动使包装物品产生的损伤多数属于物理损伤。主要有以下几种。

① 产品某一部位，特别是外侧突缘部位受到的外力超过本身的强度，产生了变形或脆性破坏。

② 产品表面受物理作用破坏。

③ 产品的原粘接部件受到外力作用而脱落。

④ 产品的滑动部件受到外力作用，其固定设施失效，发生滑动撞击而破坏。

缓冲包装的方法主要有以下三种。

① *全面缓冲包装方法*。指产品或内包装的整个表面都用缓冲衬垫的包装方法。根据产品不同和缓冲衬料不同，可分为压缩包装法、浮动包装法、裹包包装法、模盒包装法、就地发泡包装法。

② *部分缓冲包装方法*。指仅在产品或内包装的拐角或局部地方使用缓冲材料，有天地盖、左右套、四棱衬垫、八角衬垫和侧衬垫几种。这种方法适用于整体性好的产品或有内包装容器的产品，既能获得良好的缓冲效果，又能降低包装成本。

③ *悬浮式缓冲包装方法*。指先将产品置于纸盒中，产品与纸盒间用柔软的泡沫塑料衬垫妥当，纸盒外用帆布包缝入或装入胶合板箱，然后用弹簧吊在外包装箱内，使其悬浮吊起。这种方法适用于极易受损且要求确保安全的产品，如精密机电设备、仪器、仪表等。

4.3.5 运输包装技法

运输包装技法是指包装作业时所采用的技术和方法。任何一个运输包装件在进行包装操作时，都有技术问题和方法问题。通过采用合适的包装技法，才能使运输包装体和产品（包括小包装）形成一个有机的整体。

运输包装技法分为两类：一类是针对产品的不同形态特点而采用的技术和方法；

另一类是针对产品的不同特性而采取的技术和方法。

4.3.6　一般包装技法

企业生产的产品种类繁多，针对产品不同的形态特点而采用的包装技术和方法是大多数产品包装都要考虑采用的，故称为一般包装技法。一般包装技法主要有以下几种。

1. 对内装物的合理置放、固定和加固

在方体的包装中装进形状各异的产品，必须要注意产品的合理置放、固定和加固，这类方法也可称为技巧。包装物产品置放、固定和加固得越巧妙，就越能达到缩小体积、节省材料、减少损失的目的。例如，对于外形规则的产品，要注意套装；对于薄弱的部位，要注意加固；包装内的重量分布要注意均衡；产品与产品之间要注意隔离和固定等。

2. 对轻泡货物进行体积压缩

对于羽绒服、枕芯、絮被、毛线等轻泡产品，在包装时若占用空间太大，会导致运输、储存费用的增加，所以对于轻泡产品需要压缩体积，最有效的方法是采用真空包装技法，可大大缩小松泡产品的体积，压缩率可达 85%，即使对一些服装、毯子，压缩率也可达 50%左右。真空包装技法的经济效益是显著的，平均可节省费用 15%～30%，还能节省可能出现的额外费用，如来自包装材料、运输、储存、重新熨烫等各个环节的费用。

3. 外包装形状尺寸的合理选择

有的商品运输包装件，还需装入集装箱，这就存在包装件与集装箱之间的尺寸配合问题。如果配合得好，就能在装箱时不出现空隙，有效地利用箱容，并有效地保护商品。包装尺寸的合理配合主要是指容器底面尺寸的配合，也就是说都应采用包装模数系列。至于外包装高度的选择，则应由商品的特点来确定，松泡商品可选高一些，沉重的产品可选低一些。所以，包装件装入集装箱时，应注意只能平放，不能立放或侧放。

在外包装形状尺寸的选择中，要避免过高、过扁、过大、过重等。过高的包装（如针棉织品包装）会导致重心不稳，不易堆垛；过扁的包装则给标志刷字和标志的辨认带来困难；过大包装的量太多，不易销售，而且体积大也给流通带来困难；过重的包装容易导致包装破损。

4. 内包装（盒）形状、尺寸的合理选择

内包装（盒）一般属于销售包装。在选择其形状、尺寸时，要与外包装（尺寸）相匹配，内包装（盒）的底面尺寸必须与包装模数协调，而且其高度也应与外包装高度相匹配。当然，内包装的形状、尺寸还应考虑产品的置放和固定，但它作为销售包装，更重要的是考虑有利于销售，包括有利于展示、装饰、购买（数量成套性）和携带等。

5. 包装外的捆扎

包装外的捆扎对发挥运输包装的功能起着重要作用，有时还能起到关键性作用。

捆扎的直接目的是将单个物件或数个物件捆紧，以便于运输、储存和装卸。捆扎能防止失盗而保护内装物品，能压缩容积而减少保管费和运费，还能加固容器。合理捆扎一般可使容器的强度增加20%～40%。捆扎有多种方法，一般根据包装形态、运输方式、容器强度、内装物重量等不同，可分别采用井字、十字、双十字和平行捆扎等不同方法。对于体积不大的普通运输包装，捆扎一般在打包机上进行；而对于托盘这种集合包装，用普通方法捆扎费工费力，所以发展形成了新的捆扎方法：收缩薄膜包装技术和拉伸薄膜包装技术。

1）收缩薄膜包装技术

收缩薄膜包装技术是用收缩薄膜包裹集装的物件，然后对包裹好的物件进行适当的加热处理，使薄膜收缩而紧紧贴于物件上，使集装的物件固定为一体。收缩薄膜是一种经过特殊拉伸和冷却处理的聚乙烯薄膜，当薄膜重新受热时，其横向和纵向产生急剧收缩，薄膜厚度增加，收缩率可达30%～70%。这种收缩性是由薄膜内部结构的变化而造成的。

2）拉伸薄膜包装技术

拉伸薄膜包装技术是在20世纪70年代开始采用的一种新的包装技术，依靠机械装置，在常温下将弹性薄膜围绕包装件拉伸、裹紧，最后在其末端进行封口，薄膜的弹性使集装的物件紧紧固定为一体。

任务4.4　物流包装合理化

4.4.1　选择包装容器

商品的包装容器主要有托盘、集装箱、集装袋和其他集装容器。

1. 托盘

托盘又称集装托盘、集装盘。托盘是目前被普遍采用的一种搬运商品的工具，是一种特殊的包装形式，具有和集装箱类似的作用，如图4–10所示。托盘由盛载单位数量物品的负荷面和叉车插口构成，供铲车、叉车进行装卸作业、运送作业和堆码作业。

图4–10　托盘

1）托盘的特点

（1）托盘的主要优点。

① 自重量小。托盘用于装卸、运输所消耗的劳动强度较小，无效运输及装卸负荷相对比集装箱小。

② 返空容易。托盘返空时占用的运力很少。由于托盘造价不高，又很容易互相联系代用，因此可以互相以对方的托盘抵补，减少返空量，即使有返空也较容易操作。

③ 装盘容易。托盘装盘作业容易，装盘后采用扎紧包等技术处理，使用简便快捷。

④ 装载量适宜，组合量较大。

⑤ 节省包装材料，降低包装成本。

（2）托盘的不足。

① 保护商品的能力不如集装箱。

② 露天存放困难，需要有仓库等配套设施。

2）托盘的种类

托盘按其结构形式，主要分为以下几种：

① 平板托盘。平板托盘又称平托盘，是托盘中使用最多的一种，也称为通用型托盘。平托盘种类繁多，又可进一步分类：按承托货物台面分成单面使用型、双面使用型和翼型；按叉车叉入方式分类，有单向叉入型、双向叉入型、四向叉入型三种；按托盘制造材料分类，有木制托盘、钢制托盘、铝合金托盘、胶合板托盘、塑料托盘、纸板托盘、复合材料托盘等。

② 立柱托盘。立柱托盘没有侧板，在托盘上部的四个角有固定式或可拆卸式的立柱，有的在柱与柱之间有连接的横梁，使柱子呈门框型。这种托盘最适宜装运袋装货物，能够防止托盘上的货物在运输、装卸等过程中发生滑落。

③ 箱式托盘。箱式托盘是指托盘上面带有箱式容器的托盘，其结构有板式、栅式、网式、盖顶式、固定式、折叠式等20多种。箱式托盘上的容器大多是用纸板制成的，其尺寸要求与集装箱容积相适应，以便于集装箱运输。箱式托盘主要用于装运纺织品、化妆品、五金用品等，并可用于超市陈列商品。用这种托盘装运的商品可直接运到零售店，拿掉套桶和顶盖，即可直接陈列和销售。箱式托盘上的容器除了纸板制作的以外，还有铝合金制作的，后者具有轻便、坚固、便于洗涤和储运的特点，适合散运罐装食品和肉类。

④ 塑料垫块托盘和三合箱式托盘。塑料垫块托盘是用可塑性聚苯乙烯压成垫块后，在垫块上端粘以双面胶条，再与瓦楞纸箱固定而制成的。有塑料垫块保护箱子，可以防止地潮对箱子渗透的影响。三合箱式托盘又称六角箱式托盘，它是用塑料制成六角、用瓦楞纸制箱、用角钢包边的纸板制成的，这种托盘适合陆海空各种运输。

⑤ 滑片托盘。滑片托盘简称滑板，是一种新型托盘。它没有插口，仅由一张片料简单地折曲而成，仅在操作方向上有突出的折翼，以便进行推、拉操作。滑片托盘按折翼的个数不同，分为单折翼型滑片、双折翼型滑片、三折翼型滑片、四折翼型

滑片等。

⑥ 轮式托盘。轮式托盘是在柱式、箱式托盘下部装有小型轮子的托盘。这种托盘利用轮子做短距离运动，在生产企业物流系统中，可以兼用作作业车辆。

⑦ 特种专用托盘。特种专用托盘是根据商品特殊要求专门设计制造的托盘。现在各国采用的这类托盘不计其数。例如，航空托盘、平板玻璃托盘、油桶专用托盘、货架式托盘、长尺寸托盘、轮胎托盘等，都是特种专用托盘。

2. 集装箱

集装箱是指具有固定规格和足够强度，能装入若干件整装货或散装货的专用周转的大型容器。集装箱也称“货箱”或“货柜”，如图 4–11 所示。

图 4–11　集装箱

按照集装箱的用途，可分为通用集装箱和专用集装箱。所谓的通用集装箱，适用于装载对运输条件无特殊要求的各种不同规格的干杂货，进行成箱、成件集装运输。这类集装箱的箱体一般有密封防水装置，又称密封式集装箱或适应集装箱。专用集装箱是根据某些商品对运输条件的特殊要求而专门设计的集装箱，箱内一般设有通风、空调或货架等设备，可用于装载鲜活、易腐、怕热、怕冻或体积较大的商品等。

按照集装箱的结构，集装箱可分为保温集装箱、通风集装箱、冷藏集装箱、罐式集装箱、散装货集装箱、牲畜集装箱、柱式集装箱、挂式集装箱、多层集装箱等。

按照集装箱制作材料，集装箱可分为钢质集装箱、铝合金集装箱、玻璃钢质集装箱、薄壳式集装箱等。

按照集装箱采用的运输方式，集装箱可分为联运集装箱、海运集装箱、铁道集装箱、空运集装箱等。

按照集装箱箱体造型差异，集装箱可分为不同开门位置集装箱、折叠式集装箱、拆解式集装箱、台架式集装箱、抽屉集装箱、隔板集装箱等。

3. 集装袋和其他集装容器

除了集装箱、托盘这两种集装容器应用广、适用于货场主体的集装方式外，还有若干种在某些货物、某些领域能发挥特殊作用的集装容器，如集装袋、集装网络、罐体集装、货捆、框架等。

1）集装袋

集装袋是一种柔软且可折曲的、用于周转的大型软包装容器（如图 4–12 所示）。它是由可折叠的涂胶布、树脂加工布、交织布、塑料或化纤等材料制成的。集装袋的使用范围很广，几乎所有的粉状和颗粒状商品都可以使用集装袋完成流通过程。例如，粒状、粉状食品，如面粉、白糖、淀粉、食盐、大米、玉米、豆类等；矿砂；化工原料和商品，如尿素、化肥、染料及高分子塑料树脂等，都可以使用集装袋完成流通过程。

图 4–12　集装袋

2）集装架

集装架（如图 4–13 所示）是一种根据商品外形特征选择或特制的各种形式的框架，适用于商品的集装运输。有的框架对商品的适应性较广，如“门”形框架几乎对所有长方形材料都适用；而有些框架则专用性很强，只适合某种特殊形状的商品使用。集装架具有轻便、牢固、易于搬运、提高装卸速度、减少包装和运输费用、降低商品损耗的优点。

图 4–13　集装架

3）货捆

货捆是指采用各种材料的绳索，对货物进行多种形式的捆扎，使若干单件货物汇集成一个单元。货捆可以更好地利用运输工具，提高运载能力，更好地利用仓容面积，提高库容利用率。我国在货捆方面常采用自货预垫和绳索预垫两种方法，这两种方法都操作简单、物流效率高。

4）无托盘集装

无托盘集装是利用收缩薄膜将堆集的货物集装成一个牢固的整体，形成一种特殊的集合包装。无托盘集装结构简单，可节约大量包装物料，具有包装牢固、节省仓容、自动化程度高、便于运输、具有防潮作用等优点常用作化肥、水泥等商品的包装。此外，无托盘集装使用后的包装废弃物处理也较方便。

4.4.2 不合理包装的体现

不合理包装主要体现在以下几个方面。

1. 包装不足

① 包装强度不足，导致包装防护性不足，造成被包装物的损失。

② 包装材料选择不当，导致包装不能很好地承担运输防护和促进销售的作用。

③ 包装容器的层次和容积不足。

④ 包装成本过低。

2. 包装过度

① 包装物强度设计过高，使包装防护性过高。

② 包装材料选择不当，选择过高。

③ 包装技术过高。

④ 包装成本过高。

3. 包装污染

① 包装材料中大量使用纸箱、木箱、塑料容器等，要消耗大量的自然资源。

② 商品包装的一次性、豪华性，甚至采用不可降解的包装材料，严重污染环境。

4.4.3 合理包装的体现及途径

1. 合理包装的体现

合理包装具体体现在以下 6 个方面。

① 智能化。包装上的信息详细而准确。

② 标准化。包装规格尺寸标准化、包装工业产品标准化、包装强度标准化。

③ 绿色化。遵循绿色化原则，通过减少包装材料、重复使用、循环使用、回收，以及降解、分解等措施来推行绿色包装，节省资源。

④ 单位大型化。大型化包装有利于机械的使用，可提高物流活动效率。

⑤ 作业机械化。提高包装作业效率，减轻人工包装作业强度。

⑥ 成本低廉化。在保证功能的前提下，尽量降低包装材料的档次，节约成本。

2. 合理化包装的途径

合理化包装主要有以下几种途径。

① 包装轻薄化，可以降低包装、装卸搬运的成本。

② 包装符合集装单元化和标准化的要求，为机械操作奠定基础。

③ 包装机械化，可提高作业效率，减轻工人劳动强度。

④ 包装大型化，方便机械化操作。

⑤ 包装要有利于环境可持续发展。

课后任务

工作任务

学习记录

一、专业术语

1. 包装模数
2. 运输包装
3. 绿色包装
4. 物流包装回收
5. 散改集

二、判断题

1. 为商品流通、消费提供方便是合理包装必备的特征。（ ）

2. 目前，刚性金属包装材料的用量有逐步下降的趋势；软性金属包装材料的使用有逐步增加的趋势，金属和纸的复合包装材料更具广泛的应用前景。（ ）

3. 玻璃是一种比较新颖的包装材料，其主要成分为硅酸盐。（ ）

4. 玻璃作为运输包装材料主要用于存放化工产品。（ ）

5. 塑料属于节能材料。（ ）

6. 目前，已经开发研制的复合材料有三四十种。其中，使用较多的是纸基复合材料。（ ）

7. 塑料的价格具有一定的竞争力。（ ）

8. 包装的防潮作用，由包装材料的防潮性能决定。（ ）

9. 防锈包装方法是按清洗、防锈处理、干燥和包装 4 个步骤逐步进行的。（ ）

10. 托盘保护商品的能力比集装箱强。（ ）

学习记录

三、单选题

1. 包装的基本功能是（　　）。

A. 保护功能　　B. 便利功能

C. 促销功能　　D. 销售功能

2. 包装材料很多，其中（　　）的应用最为广泛。

A. 木材　　B. 纸质包装材料

C. 金属包装材料　　D. 复合包装材料

3. 以下不是木材包装优点的是（　　）。

A. 加工方便　　B. 有一定的弹性

C. 不易腐败　　D. 资源广泛

4. 在整个包装材料中所占的比例仅次于纸和纸板的是（　　）。

A. 金属　　B. 玻璃

C. 陶瓷　　D. 塑料

5. 防锈包装方法最根本、最重要的工作是（　　）。

A. 清洗　　B. 防锈处理

C. 干燥　　D. 包装

6. 以下不属于缓冲包装方法的是（　　）。

A. 全面缓冲包装方法

B. 部分缓冲包装方法

C. 悬浮式缓冲包装方法

D. 防震式缓冲包装方法

7. 以下不是平板托盘按叉车叉入方式分类的是（　　）。

A. 单向叉入型　　B. 双向叉入型

C. 三面叉入型　　D. 四向叉入型

四、多选题

1. 以下属于包装功能的是（　　）。

A. 保护功能　　B. 储运功能

C. 促销功能　　D. 销售功能

2. 包装材料具有（　　）性能。

A. 机械性能　　B. 阻隔性能

C. 良好的安全性能　　D. 较好的经济性能

3. 金属材料用于包装的优点有（　　）。

A. 牢固　　B. 良好的装潢效果

C. 良好的延展性　　D. 易于再生使用

4. 以下属于玻璃包装材料优点的是（　　）。

A. 透明性好　　B. 易于复用

C. 耐冲击强度高　　D. 易于加工

学习记录

5. 以下属于硅酸盐类材料的是（　　）。

A. 陶瓷　　B. 塑料

C. 玻璃　　D. 金属

6. 选择包装技术的原则是（　　）。

A. 经济　　B. 美观

C. 牢固　　D. 科学

7. 包装防潮材料主要有（　　）。

A. 玻璃　　B. 金属

C. 塑料薄膜　　D. 加工纸制品

8. 根据产品不同和缓冲材料不同，全面缓冲包装方法可分为（　　）。

A. 压缩包装法　　B. 裹包包装法

C. 就地发泡包装法　　D. 模盒包装法

五、简答题

1. 包装的保护功能主要表现在哪些方面？
2. 阐述纸质包装材料的优点。
3. 产品包装技法包括哪些？
4. 阐述托盘的特点。
5. 不合理包装体现在哪些方面？

评价与分析

以小组为单位，展示本组成果，根据以下评分标准进行评分。

评 分 表

班级		姓名		学号		日期	
序号	评价内容	评价标准		分值	评分		
					自我评价（20%）	组间评价（30%）	教师评价（50%）
1	自我学习能力	1. 能进行时间管理。 2. 能选择适合自己的学习和工作方式。 3. 能随时修订计划并进行意外处理。 4. 能将已经学到的东西用于新的工作任务		10			
2	信息收集能力	1. 能根据不同需要去搜寻、获取并选择物流信息。 2. 能筛选物流信息，并进行物流分类。 3. 能使用多媒体等手段来展示信息		10			
3	市场洞察能力	1. 能从市场获取相关物流信息。 2. 能依据收集的信息，做简单的市场分析。 3. 能根据物流理论对市场信息进行分析		10			
4	与人交流能力	1. 能把握交流的主题、时机和方式。 2. 能理解对方谈话的内容，准确地表达自己的观点。 3. 能获取信息并反馈信息		10			
5	与人合作能力	1. 能挖掘合作资源，明确自己在合作中的作用。 2. 能同合作者进行有效沟通，理解个性差异及文化差异		10			
6	解决问题能力	1. 能说明何时出现问题并指出其主要特征。 2. 能制订解决问题的计划并组织实施。 3. 能对解决问题的方法适时地做出总结和修改		10			

续表

序号	评价内容	评价标准	分值	评分		
				自我评价（20%）	组间评价（30%）	教师评价（50%）
7	革新创新能力	1. 能发现事物的不足并提出改进措施。 2. 能创新性地提出改进意见和具体的改进方法。 3. 能从多种方案中选择最佳方案，在现有条件下进行实施	10			
8	物流包装知识掌握程度	1. 物流包装的定义。 2. 物流包装的功能。 3. 物流包装的选用原则	10			
9	物流包装技法掌握程度	1. 防潮包装技法。 2. 防锈包装技法。 3. 防霉包装技法。 4. 缓冲包装技法。 5. 运输包装技法。 6. 一般包装技法	10			
10	物流包装合理化知识掌握程度	1. 包装容器的选择。 2. 不合理包装的体现。 3. 合理包装的体现	10			
总分			100			
评价						

单元评估

职业核心能力测评表

（在□中打√，A 通过，B 基本通过，C 未通过）

职业核心能力	评 估 标 准	自测结果
自我学习能力	1. 能进行时间管理。	□A □B □C
	2. 能选择适合自己的学习和工作方式。	□A □B □C
	3. 能根据进展修订计划并进行意外处理。	□A □B □C
	4. 能将已经学到的东西用于新的工作任务	□A □B □C
信息收集能力	1. 能根据不同需要去搜寻、获取并选择物流信息。	□A □B □C
	2. 能筛选物流信息，并进行物流分类。	□A □B □C
	3. 能使用多媒体等手段来展示信息	□A □B □C
市场洞察能力	1. 能从市场获取相关物流信息。	□A □B □C
	2. 能依据收集的信息，做简单的市场分析。	□A □B □C
	3. 能根据物流理论对市场信息进行分析	□A □B □C
与人交流能力	1. 能把握交流的主题、时机和方式。	□A □B □C
	2. 能理解对方谈话的内容，准确表达自己的观点。	□A □B □C
	3. 能获取信息并反馈信息	□A □B □C
与人合作能力	1. 能挖掘合作资源，明确自己在合作中的作用。	□A □B □C
	2. 能同合作者进行有效沟通，理解个性差异及文化差异	□A □B □C
解决问题能力	1. 能说明何时出现问题并指出其主要特征。	□A □B □C
	2. 能制订解决问题的计划并组织实施。	□A □B □C
	3. 能对解决问题的方法适时地做出总结和修改	□A □B □C
革新创新能力	1. 能发现事物的不足并提出改进措施。	□A □B □C
	2. 能创新性地提出改进意见和具体的改进方法。	□A □B □C
	3. 能从多种方案中选择最佳方案，在现有条件下进行实施	□A □B □C
学生签字：	教师签字：	20 年 月 日

专业能力测评表

（在□中打√，A 掌握，B 基本掌握，C 未掌握）

<table>
<tr><th>专业能力</th><th>评价指标</th><th>自测结果</th><th>备注</th></tr>
<tr><td rowspan="3">物流包装</td><td>1. 物流包装的定义。</td><td>□A □B □C</td><td rowspan="3"></td></tr>
<tr><td>2. 物流包装的功能。</td><td>□A □B □C</td></tr>
<tr><td>3. 物流包装的选用原则</td><td>□A □B □C</td></tr>
<tr><td rowspan="6">物流包装技法</td><td>1. 防潮包装技法。</td><td>□A □B □C</td><td rowspan="6"></td></tr>
<tr><td>2. 防锈包装技法。</td><td>□A □B □C</td></tr>
<tr><td>3. 防霉包装技法。</td><td>□A □B □C</td></tr>
<tr><td>4. 缓冲包装技法。</td><td>□A □B □C</td></tr>
<tr><td>5. 运输包装技法。</td><td>□A □B □C</td></tr>
<tr><td>6. 一般包装技法</td><td>□A □B □C</td></tr>
<tr><td rowspan="3">物流包装合理化</td><td>1. 包装容器的选择。</td><td>□A □B □C</td><td rowspan="3"></td></tr>
<tr><td>2. 不合理包装的体现。</td><td>□A □B □C</td></tr>
<tr><td>3. 合理包装的体现</td><td>□A □B □C</td></tr>
<tr><td colspan="4">教师评语：</td></tr>
<tr><td>成绩</td><td></td><td>教师签字</td><td></td></tr>
</table>

项目 5

体验物流储存

项目导学

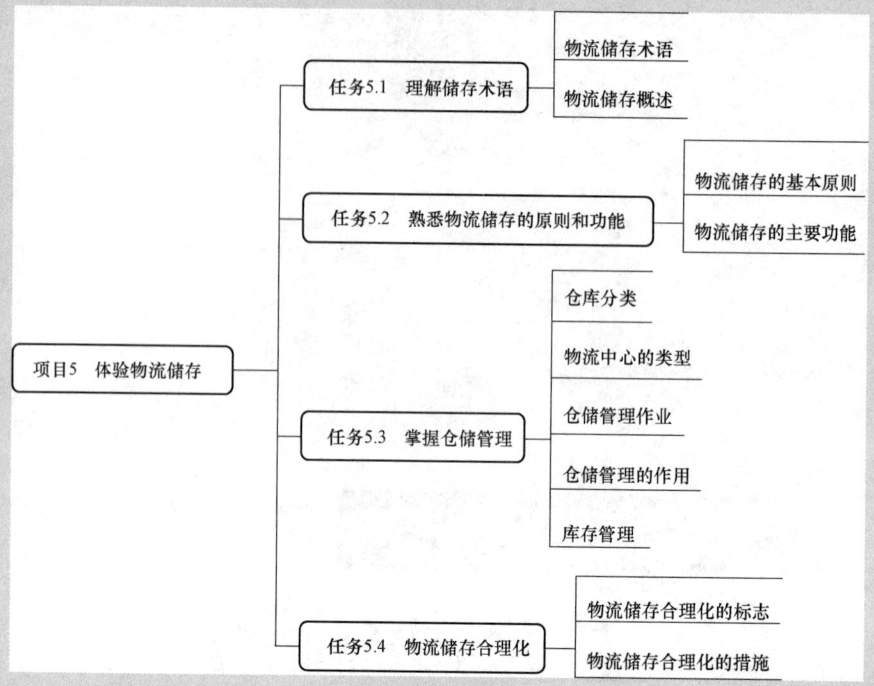

知识目标

1. 了解物流储存术语。
2. 掌握物流储存的基本原则及主要功能。
3. 掌握仓储作业的具体流程。
4. 掌握物流储存合理化的措施。

技能目标

1. 能够区别不同类型的物流中心。
2. 能够根据仓储作业流程进行仓储作业管理。
3. 能够运用 ABC 分类法进行库存管理。
4. 能够综合分析企业库存管理合理性。

日日顺供应链：建好智能仓 延伸服务链

日日顺供应链科技股份有限公司（简称日日顺供应链）是海尔旗下的场景物流生态品牌，2021 年 11 月其奔驰轮胎上海仓正式启用，为上海市区 26 家奔驰 4S 店提供轮胎 2 小时极速送达服务。这意味着日日顺供应链在推动物流业、制造业两业融合方面又一场景落地。凭借在全国各地布局的智能仓库和为工厂与商家提供的差异化供应链服务，日日顺供应链“智慧物流引擎升级与先进制造业深度融合创新案例”入选国家发展改革委发布的物流业、制造业深度融合创新发展典型案例。

1. 智能仓群大件自动分拣

在日日顺供应链即墨智慧物流园区高达 22 米的立体仓里，借助龙门拣选机器人、AGV 智能搬运机器人等智能设备，整个仓库可以实现全自动无人作业。这是日日顺供应链于 2020 年启用的国内首个大件物流智能无人仓。该智能仓融合应用了视觉识别、控制算法、机器学习、大数据、云计算等人工智能技术，并首次将龙门机械手全自动分拣技术用于大件物流领域，实现仓内 24 小时不间断作业，每天自动处理进出库订单 4.8 万单，拣货正确率达 100%，解决了人工拣选效率低、易出错等问题。

历经多年发展，目前日日顺供应链已经建成了以即墨仓、黄岛仓、胶州仓、杭州仓、佛山仓、南昌仓为代表的智能仓群。除智能仓外，日日顺供应链还建设了场景物流生态云平台。在云平台上，日日顺供应链在全国的资源分配情况以及订单执行情况一目了然，库内智能设备的任务状态以及出库客户单数、出库订单进度、进出库单量趋势等都可时时监控优化，可以实现订单预测，精准满足用户个性化定制需求，大大提高仓储的合理性和工作效率。

2. 服务破圈　满足两端需求

日日顺供应链奔驰轮胎上海仓，为奔驰提供轮胎“2 小时前置仓+本地仓+区域功能仓”三级功能仓储解决方案。如今，依托智能下单、全流程监控、智能调仓等技术，日日顺供应链围绕仓库选址、布货补货、车辆运输、在途管理等场景，实现了奔驰轮胎全产业链条的服务升级。

近年来，随着消费互联网和工业互联网发展，数据应用需求日益复杂和多样，对物流服务也提出了更高要求。

学习笔记

日日顺供应链搭建开放的接口系统 API 平台，能够完成外部订单自动接入，结合技术手段促进不同客户、不同业务类型、不同标准的订单自动优化，实现订单合并、分拆、配送优先级等的自动选择等功能。

此外，日日顺供应链对平台沉淀的海量大数据进行分析，围绕升级用户配送服务和优化用户体验，精准提供统仓统配、送装同步、后续维修保养等服务方案。

送到不是结束，而是服务的开始。日日顺供应链提供的服务不局限于传统物流的搬运和配送，经过技能和服务培训的配送人员在按照约定时间将大件商品送装入户的同时，还能提供拆装、移机、还原、保洁等服务。如果用户在后期还有家电清洗、家居除醛、家电维修等需求，他们也可以及时响应。

（资料来源：中国交通新闻网，2021-12-08）

思考：企业建立智能仓的前提条件是什么？

请在此处写下你的分析

任务 5.1　理解储存术语

5.1.1　物流储存术语

《物流术语》（GB/T 18354—2021）将储存（storing）定义为：贮藏、保护、管理物品。需要注意的是，储存与仓储是有区别的。总体来说，储存是大于仓储的。但是，现实中存在仓储与储存混用的现象。以下有关物流储存的定义皆来源于《物流术语》（GB/T 18354—2021）。

① 仓储（warehousing）。利用仓库及相关设施设备进行物品的入库、储存、出库的活动。

② 仓库（warehouse）。用于储存、保管物品的建筑物和场所的总称。

③ 仓储管理（warehousing management）。对仓储及相关作业进行的计划、组织、协调与控制。

④ 仓库管理系统（warehouse management system，WMS）。对物品入库、出库、盘点及其他相关仓库作业，仓储设施与设备，库区库位等实施全面管理的计算机信息系统。

⑤ 库房（storehouse）。在仓库中，用于储存、保管物品的封闭式建筑物。

⑥ 保管（stock keeping）。对物品进行储存，并对其进行保护和管理的活动。

⑦ 立体仓库（stereoscopic warehouse）。采用高层货架，可借助机械化或自动化等手段立体储存物品的仓库。

⑧ 物资储备（goods reserving）。为应对突发公共事件和国家宏观调控的需要，对备用物资进行较长时间的储存和保管的活动。

⑨ 堆码（stacking）。将物品整齐、规则地摆放成货垛的作业。

⑩ 码盘作业（palletizing）。以托盘为承载物，将物品向托盘上堆放的作业。

⑪ 货垛（goods stack）。按一定要求将货物堆码所形成的货物单元。

⑫ 盘点（stock checking）。对储存物品进行清点和账物核对的活动。

⑬ 越库作业（cross docking）。亦称直拨（direct distribution），指物品在物流节点内不经过出入库等储存活动，直接从一个运输工具换载至其他运输工具的作业方式。

⑭ 库存（inventory）。储存作为今后按预定的目的使用而处于备用或非生产状态的物品。注意，广义的库存还包括处于制造加工状态和运输状态的物品。

⑮ 库存周期（inventory cycle time）。库存物品从入库到出库的平均时间。

⑯ 存储单元（stock keeping unit，SKU）。依据物品特点确定，便于对物品进行存放、保护、管理的相对独立的规格化单位。

⑰ 仓单（warehouse receipt）。仓储保管人在与存货人签订仓储保管合同的基础上，按照行业惯例，以表面审查、外观查验为一般原则，对存货人所交付的仓储物

品进行验收之后出具的权利凭证。

⑱ 交割仓库（delivery warehouse）。经期货交易机构核准，并按照其规定的规则和流程，为交易双方提供期货商品储存和交付服务的场所。

⑲ 自营仓库（private warehouse）。由企业或各类组织自主经营和自行管理，为自身的物品提供储存和保管的仓库。

⑳ 公共仓库（public warehouse）。面向社会提供物品储存服务，并收取费用的仓库。

㉑ 存货控制（inventory control）。使库存物品的种类、数量、时间、地点等合理化所进行的管理活动。

㉒ ABC 分类法（ABC classification）。将库存物品按照设定的分类标准和要求分为特别重要的库存（A 类）、一般重要的库存（B 类）和不重要的库存（C 类）三个等级，然后针对不同等级分别进行控制的管理方法。

㉓ 供应商管理库存（vendor managed inventory，VMI）。按照双方达成的协议，由供应链的上游企业根据下游企业的需求计划、销售信息和库存量，主动对下游企业的库存进行管理和控制的库存管理方式。

㉔ 联合库存管理（joint managed inventory，JMI）。供应链成员企业共同制定库存计划，并实施库存控制的供应链库存管理方式。

㉕ 前置仓（preposition warehouse）。在最终消费者比较集中的最近区域设置的配送仓库。

㉖ 仓配一体（integration of warehousing and distribution）。为客户提供一站式仓储与配送服务的运作模式。

㉗ 保税仓库（bonded warehouse）。经海关批准设立的专门存放保税货物及其他未办结海关手续货物的仓库。

㉘ 海外仓（overseas warehouse）。国内企业在境外设立，面向所在国家或地区市场客户，就近提供进出口货物集并、仓储、分拣、包装和配送等服务的仓储设施。

5.1.2 物流储存概述

1. 储存的含义

在现代物流体系中，经常涉及库存、储备和储存这几个概念；其实这几个概念既有联系又有区别。只有认清它们的区别才能有助于理解物流中储存的真正含义。

1）储存

储存是包含库存和储备在内的一种广泛的经济现象，是一切社会形态都存在的经济现象。在任何社会中，不论是任何原因形成停滞的物资，也不论是什么种类的物资，在没有进入生产加工、消费、运输等活动之前或在这些活动结束之后，都要存放起来，这就是储存。

2）储备

储备是一种有目的的储存物资的行动，储备的目的是保证社会再生产连续不断地、有效地进行。所以，储备是一种主动的储存形式，或者说是有目的的在生产领域、流通领域中的暂时停滞。

3）库存

库存是指仓库中处于暂时停滞状态的物资。这里需要强调的有两点：其一，物资所停滞的位置，不是在生产线上，不是在车间里，也不是在非仓库中的任何位置，如汽车站、火车站等类型的流通节点上，而是在仓库中；其二，物资的停滞状态可以是由任何原因引起的，而不一定是某种特殊原因的停滞。

4）库存与储备的区别

库存和储备的本质区别在于：第一，库存明确了商品停滞的地点，即在仓库中。而商品储备所停滞的地理位置远比储存广泛得多，商品储备的位置可以在生产、流通中的任何节点上，可能是仓库的储备，也可能是其他任何形式的储备。第二，储备是有目的的、主动的，而库存可能不是有目的的，甚至有可能完全是被动的。

提示：在实际工作中，储存、储备这两个概念是不做区别的。在这里将储存、储备、库存加以详细地描述，是为了明确物流中的储存是一个非常广泛的概念，物流学要研究的是包括储备、库存、仓储等在内的广义的储存概念。

2. 储存的形态

储存作为一种普遍存在的社会经济现象，表现为三种形态，即生产储存、流通储存和国家储备。

1）生产储存

生产储存是指生产企业为了满足生产消耗的需要，保证生产的连续性和节奏性而建立的储存。其中有原材料、材料、半成品的储存，也有辅助生产用的工具、零件、设备乃至劳保用品的储存。生产储存管理的关键在库存量的控制上。库存量过大，既增加了企业的负担，也不利于社会资源的利用。在资源可以得到充分保证的条件下，某些企业的某些环节，应尽可能实现“零库存”或“无仓库仓储”。

2）流通储存

流通储存是指为了满足生产和生活消费的需要，补充生产和生活消费储备的不足而建立的储存。其中有商业和物资部门为了保证销售和供应商建立的物资和商品储存，生产企业待销待运的成品储存，以及在车站、码头、港口、机场中等待中转运输和正在运输过程中的物资和商品。

3）国家储备

国家储备是指为保证社会再生产和经济发展战略、国防发展战略的需要，由国家建立和掌握的重要物资储备。国家储备是流通储存的一种形式，是指国家为了应对自然灾害、战争和其他意外事件而建立的长期储存。如储备粮和储备冻肉就是如此。以储备肉为例，国家储备一方面是作为战略物资进行储备，另一方面是作为调控肉价的手段进行储备：一旦猪肉价格高涨，有关部门就会投放储备冻肉来满足市场上猪肉需求，防止猪肉价格大幅上涨；而当猪肉价格下跌，养猪出现大面积高额亏损时，有关部门就会适时进行冻肉收储，控制生猪价格，以减少养殖户的经济损失。如 2021 年 10 月 10 日，商务部会同国家发展改革委、财政部等部门收储 3 万吨中央储备猪肉，并布局存储在 12 个省份。同时，在突发疫情的时候，国家储备也会发挥重要的作用。

任务 5.2　熟悉物流储存的原则和功能

储存和运输之所以被誉为物流的主要功能，是因为它们在整个物流活动中起着十分重要的作用，是任何其他经济活动所不能替代的。

5.2.1　物流储存的基本原则

物流储存的基本原则是：保证质量、注重效率、确保安全、力求经济。

1. 保证质量

储存管理中的一切活动，都必须以保证在库物品的质量为中心。没有质量的数量是无效的，甚至是有害的（资金占用、产生管理费用、产生积压和报废物资）。为了完成储存管理的基本任务，储存活动中的各项作业必须有质量标准，并严格按标准进行作业。

2. 注重效率

储存管理要充分发挥仓储设施设备的作用，提高仓储设施设备的利用率；要充分调动仓库生产人员的积极性，提高劳动生产率，加速在库物品周转，缩短物品的在库时间，提高库存周转率。

3. 确保安全

储存管理中的不安全因素很多，有的来自库存物，如有些物品具有毒性、腐蚀性、辐射性、易燃易爆性等；有的来自装卸搬运作业过程，如每一种机械的使用都有其操作规程，违反规程就要出事故；还有的来自人为破坏。因此，特别要加强安全教育，提高员工安全意识，制定安全制度，贯彻执行“安全第一，预防为主”的安全生产方针。

4. 力求经济

储存管理中所耗费的物化劳动和活劳动的补偿是由社会必要劳动量决定的。为实现一定的经济效益目标，必须力争以最少的人财物消耗，及时准确地完成最多的储存任务。

5.2.2 物流储存的主要功能

1. 调节供需功能

在整个社会再生产中，供需之间充满着各种矛盾。由于生产者（供应者）和消费者处于不同的地位，因此经常会出现利益上的矛盾；由于某些产品生产集中而消费分散，或生产分散而消费相对集中，因此出现产、消空间上的矛盾；由于某些产品的生产是均衡进行的，而消费是有季节性的，或生产是季节性的而消费是常年的，因此，会出现产、消时间上的矛盾等。这些矛盾以供过于求和供不应求的形式表现在流通过程中，特别是在现代化大生产条件下，专业化程度不断提高，市场竞争异常激烈，越来越多的商品需要经过各种不同形式的储存来调节供需关系。

2. 调节运输功能

商品从生产地到消费地的流转由运输来实现，不同的运输方式在运向、运量、运程及运输路线和运输时间上存在差距。当一种运输方式不能直达目的地，需要在中途改变运输方式，运输规模时，运输的衔接只有依靠运输过程中的储存来进行。例如，当载有几万吨货物的货轮到港靠岸后，在较短的时间内用火车和汽车直接把货物运送到货主的手里是不可能的，因而需要在港口的货场和库房暂时储存待验、待运，以解决压港、压船等问题。

3. 保管功能

保管功能是储存最基本的功能，包括两个方面：一要保护库存物的所有权；二要保存库存物的使用价值。丧失了使用价值的商品储存，不仅是无用的，而且是有害的。处于相对停滞状态的储存物，时时刻刻都受到各种不良因素的影响，每一种商品都在以不同的速度和方式发生着物理变化、化学变化和机械变化，甚至因技术进步而被淘汰，成为积压物资、废旧物资。仓储工作要针对每一种库存物的自然属性，结合环境条件和社会因素，采取有效措施，延缓库存物发生有形损耗和无形损耗的速度，维护库存物的使用价值，提高流通的效益。

4. 监督控制功能

储存出现在社会再生产过程的各个领域和环节，而且它始终都是上一个过程的终点，同时又是下一个过程的起点。流通企业仓库通过对到库物资进行验收，对供应者的产品质量和承运者的服务质量进行监督，拒绝不合格产品进入流通领域。生产企业仓库通过验收，对产品质量和流通领域的服务质量进行监督，拒绝不合格的原材料、设备等进入生产领域；同时生产企业仓库通过出库业务管理，对企业消耗定额进行监督，以促进节约。

5. 配送功能

配送功能是指根据用户的要求，在物流节点（仓库或配送中心）进行分货、配货、流通加工等工作，并将配好的货按约定的时间和方式送达指定地点，交给收货人。储存的配送功能是物流专业化分工的产物。实行配送，不仅使生产企业（用户）减少生产储存，流通企业提高效益，更为重要的是有利于社会资源的综合利用，减少因分散储存、分散管理造成的损失。配送功能使商品储存从静态管理转向了动态管理，从而开创了物流合理化的局面。

6. 节约功能

商品储存可以产生节约的功能，这是商品储存间接表现出来的功能。商品储存可以合理地使用物资资源，防止因暂时过剩而造成浪费。在商品储存过程中，应注意物资资源的综合利用和节约代用，以使有限的物资发挥更大的效用。

任务 5.3　掌握仓储管理

5.3.1　仓库分类

仓库从不同的角度可以有不同的分类：可以按仓库的储存保管条件分类、按仓库的构造分类、按仓库的职能分类。

1. 按仓库的储存保管条件分类

1）普通仓库

普通仓库也称通用仓库，它是指用于储存无特殊储存保管要求的物品的仓库。

普通仓库一般储存工业品、农副产品，具有一般商品的储存空间和普通的装卸、搬运、堆码、养护技术设施。普通仓库的实用性强、应用广泛、利用率高，在我国仓库中占很大的比例。

2）专用仓库

专用仓库是指具有专门设施，用于储存某种或某类要求特殊储存条件的商品的仓库。

专用仓库是根据商品的特殊保管养护要求设计制造的。例如，香烟、白糖、粮食、化肥、农药、蔬菜、水产品、牲畜等，由于性能比较特殊，故单独储存，可以防止串味，保证重量。在仓库技术设施上，根据商品性质的不同，安装不同的装备。例如，保温仓库是指仓库里设有采暖设备，能使库房保持一定温度，用于存放要求保温物品的仓库，恒湿恒温仓库是指能使库房保持一定温度和湿度，用于存放要求恒温恒湿物品的仓库。冷藏仓库是指能使库房保持一定低温，用于存放要求冷藏物品的仓库。

3）特种仓库

特种仓库通常是指用于存放易燃、易爆、有毒、有腐蚀性或有辐射性的物品，对人体或建筑物有一定危害的仓库（如图 5–1 所示）。储存这些商品具有很大的危险性，如果不根据安全要求建立具备保管养护条件的仓库并进行科学管理，非常容易造成事故，危及人民群众的生命安全。这类仓库对建筑地点、库房建筑、库内布局都有严格的规定，根据需要配有防火、防毒、防爆炸等安全设施，设置危化品标识（如图 5–2 所示），制定严格的管理制度；指派专人管理，并且管理人员必须经过专门训练。

图 5–1　危化品仓库

图 5–2　部分危化品标识

2. 按仓库的构造分类

1）单层仓库

单层仓库是最常见的，也是使用最广泛的一种仓库建筑类型。这种仓库只有一层，当然就不需要设置楼梯，如图 5–3 所示。

2）多层仓库

多层仓库一般占地面积较小，它一般建在人口稠密、土地使用价格较高的地区。由于是多层结构，因此它一般使用垂直输送设备来搬运货物，如图 5–4 所示。

图 5–3　单层仓库

图 5–4　多层仓库

3）立体仓库

立体仓库又称为高架仓库。它也是一种单层仓库，但同一般的单层仓库不同的是，它利用高层货架来储存货物（如图 5-5 所示），而不是简单地将货物堆积在库房地面上。在立体仓库中，由于货架一般比较高，所以货物的存取需要采用与之配套的机械化、自动化设备，在存取设备自动化程度较高时，也将这样的仓库称为自动化仓库。

图 5–5　立体仓库

4）筒仓

筒仓是用于存放散装的小颗粒或粉末状货物的封闭式仓库，经常用来存储粮食、水泥和化肥等，如图 5-6 所示。

图 5–6 筒仓

5）露天堆场

露天堆场是用于在露天堆放货物的场所，一般堆放大宗原材料或者不怕受潮的货物，如图 5-7 所示。

图 5–7 露天堆场

3. 按仓库的职能分类

1）采购供应仓库

采购供应仓库是指商业系统集中储存从生产部门收购或从国外进口商品的仓库。这类仓库一般设置在商品生产地。例如，商品生产集中的大中型城市，沿海进口口岸和商品集中分运的交通枢纽所在地。此类仓库一般规模较大，通常是指商业系统的一级采购供应站仓库和二级采购供应站仓库。

2）中转仓库

中转仓库也称流转性仓库是指交通运输部门用于存放发运、中转和接运商品的仓库。这类仓库是运输设施中的重要组成部分。在商品发运前，一般都必须将商品组配好，并集中在一起，做到货等车船，以利于加速运输工具的周转。这就需要配置中转仓库，临时储存等待发运商品。商品到达目的地后，需要等待货主提货。实行送货制的仓库需要进行理货和安排短途运输工具，这些都需要在一定时间内对商品进行临时储存，也需要配置中转仓库。对中转的商品，在到达后等待转运的过程中，除车船直接过载外，一般也需要有一段短时间的储存，这些都导致了对中转仓库的需求。中转仓库一般都建在铁路、公路的车站，沿海口岸或江河水路码头等交通枢纽附近。较大型的中转仓库为便于装车装船，减少中转环节，还设有铁路专用线和专用码头。

3）批发仓库

批发仓库是指商品批发企业自有、自用、自行管理的仓库，其主要职能是将采购和等待供应的商品，经过整理、加工、分类、编配、拆零、包装后，直接发运给零售商店和其他进货单位。批发仓库一般设置在生产集中地或商品集散地。有的地区为了便于要货单位进行选购，提高工作效率，实行“仓批合一”，即批发业务经营机构与批发仓库合设在一起办公。

4）零售仓库

零售仓库是指商品零售企业直接使用和管理的仓库，主要供零售商店短期储存商品，用以不断地供应门市销售。仓库进货后，一般要进行检查、拆包、分类、挑选、分装、改装、搭配或加工等业务。

5）加工仓库

加工仓库是指商业企业将商品储存与流通加工结合在一起的仓库。

5.3.2 物流中心的类型

仓库的观念和功能的改变，引起了仓库形态和内容的变化。现代物流力求进货与发货同期化，从静态管理到动态管理必将使仓库设备、结构、流程等方面随之发生变化。为了和传统的仓库相区别，我们把这种新型的物流据点称为“物流中心”。某药企的物流中心概念图如图 5–8 所示。下面介绍几种典型的物流中心。

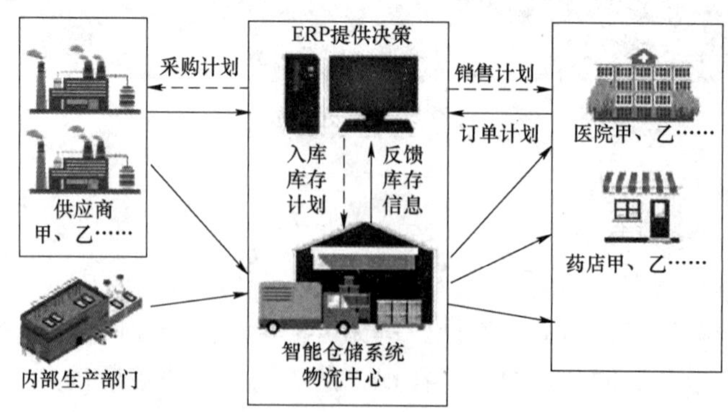

图 5–8　某药企的物流中心概念图

1. 集货中心

将零星货物集中成批量货物称为“集货”。集货中心可设在生产点数量很多但每个生产点产量有限的地区，只要这一地区某些产品总产量达到一定程度，就可以设置这种有“集货”作用的物流据点。

2. 配送中心

专门从事配送工作的物流据点称为配送中心，是物流中心中数量较多的一种形态。配送中心的主要工作环节包括集货、储存、分货、配货和送货。

3. 转运中心

转运中心的主要工作是承担货物在不同运输方式之间的转运。转运中心可以进行两种运输方式的转运，也可进行多种运输方式的转运。在名称上，这些转运中心有的称为卡车转运中心，有的称为火车转运中心，还有的称为综合转运中心。

4. 加工中心

加工中心的主要工作是进行流通加工。设置在供应地的加工中心主要进行以物流为主要目的的加工，设置在消费地的加工中心主要进行以实现销售、强化服务为主要目的的加工。

5. 分货中心

将大批量运到的货物分成批量较小的货物，称为“分货”。分货中心是从事分货工作的物流场所。企业可以采用大规模包装、集装货的方式将货物运到分货中心，然后按企业生产或销售的需要进行分装。企业利用分货中心可以降低运输费用。

6. 储调中心

储调中心以储备为主要工作内容，从功能上看与传统的仓库基本一致。储调中心与传统仓库相比规模更大、功能更多、经营更灵活。

5.3.3 仓储管理作业

仓储管理作业包括入库作业、保管作业、盘点作业和出库作业。

1. 入库作业

入库作业，是根据物品入库凭证，在接收入库物品时对卸货、查点、验收、办理入库手续等各项业务活动的计划和组织。入库作业流程如图 5–9 所示。

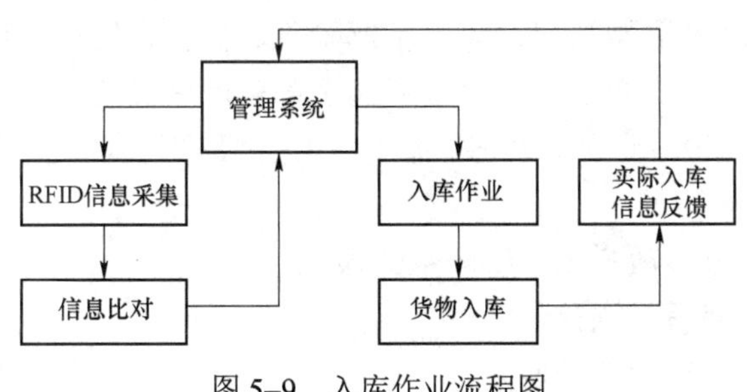

图 5–9 入库作业流程图

2. 保管作业

保管作业包括以下 4 点。

1）理货

理货是指仓库在接收入库货物时，根据入库通知单、运输单据和仓储合同，对货物进行清点数量、分类分拣的交接工作。理货是仓库管理人员对货物入库现场的管理工作，其工作内容不只是狭义的理货工作，还包括货物入库的一系列现场管理工作。其主要工作包括：清点货物件数、直验货物单重和尺寸、查验货物重量、检验货物外表状态。

2）堆垛

堆垛又称堆码或码垛，是根据货物的包装形状、重量和性能特点，结合地面负荷、储存时间，按照一定的要求将货物在库房、物料棚、货场内堆码成各种垛形的操作。

3）垫垛

垫垛是指在货物码垛前，在预定的货位地面位置使用衬垫进行铺垫。常见的衬垫有枕木、废钢轨、货板架、木板、帆布、芦苇、钢板等。垫垛的目的是使地面平整，堆垛货物与地面隔离，防止地面潮气和积水浸湿货物。使用强度较大的衬垫，一方面可以使重物的压力分散，避免损害地坪；另一方面可以使地面的杂物、尘土与货物隔离开。

4）苫盖

苫盖是为了防止货物受潮而在货垛上面加盖防潮材料的工作。所谓“下垫上盖”，均为配套性防潮措施。苫盖后的货垛应稳固、严密、不渗漏雨雪。苫盖材料常选用雨布、铁皮、油毡、帆布、芦苇等。

3. 盘点作业

盘点就是定期或不定期地对店内的商品进行全部或部分清点，以确实掌握该期间内的经营业绩，并加以改善。盘点是为了掌握货物的“进（进货）、销（销货）、存（存货）”流动情况，避免货物积压太多或缺货，这对于计算成本及损失是不可或缺的。盘点工作虽说是件很简单的事，但是它直接影响库存数据的准确性和及时性，进而会影响仓储管理的质量。盘点能够有效地控制库存数量。通过盘点，可使各类货物的实存数量、种类、规格得到真实反映；可以掌握各类物品的保管情况；可以查明各类货物的储备和利用情况；可以了解验收、保管、发放、调拨、报废等各项工作是否按照规定进行。盘点就是对企业的全部资产进行衡量，然后与资产的卡片和账目核对，经过点数、过秤、对账、质检，确定资产的真实情况。

1）盘点作业的目的

① 确定库存量并修改料账不符产生的误差。

② 帮助企业计算资产损益。

③ 发现仓储管理中存在的问题。

2）盘点作业的步骤

盘点作业的步骤如图 5–10 所示。

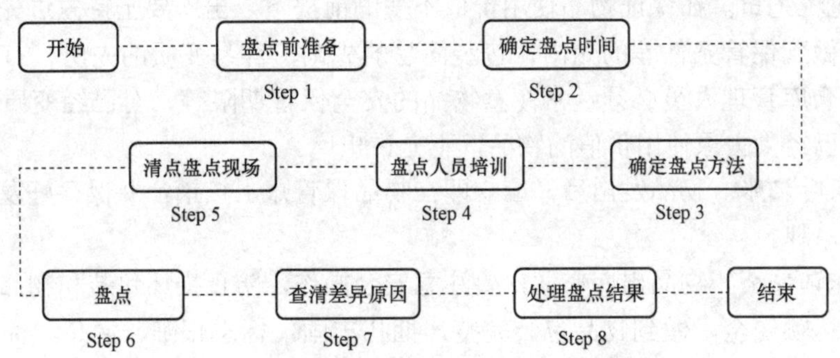

图 5-10 盘点作业的步骤

3）盘点的种类

与账面库存和现货库存一样，盘点一般分为账面盘点和现货盘点。所谓账面盘点，就是把每天入库及出库货品的数量及单价记录在计算机或账簿上，然后不断地累加总算出账面上的库存数及库存金额。现货盘点亦称实物盘点或实盘，也就是实际点数仓库内的库存数，再依货品单价计算出实际库存额的方法。

4）盘点的方法

① 账面盘点法。

② 现货盘点法。现货盘点法有期末盘点法和循环盘点法两种方式。

4. 出库作业

货物出库，是仓库根据业务部门或存货单位开具的出库凭证，经过审核出库凭证、备料、拣货、分货等业务，直到把物品点交给要货单位或发运部门的一系列作业过程（如图 5-11 所示）。它是仓储作业过程的最后一个环节，也是仓储部门对外的窗口。其业务水平、工作质量在一定程度上反映了企业形象，直接影响企业的经济效益和社会效益。因此，及时、准确地做好出库业务工作，是仓储管理的一项重要工作。

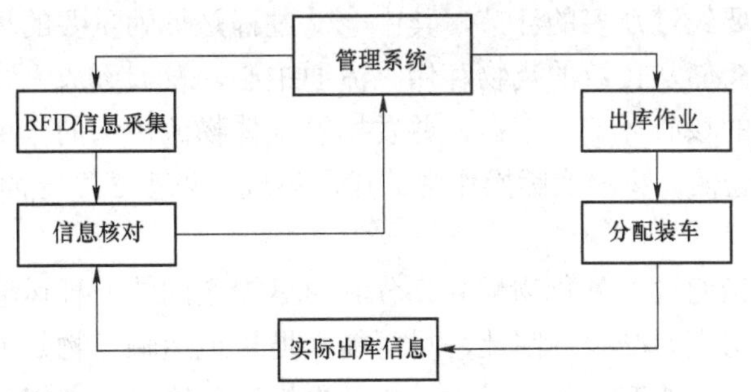

图 5-11 出库作业流程图

1）出库的要求

① 凭证发货。物品出库必须依据一定格式的正式凭证进行。货主的出库通知或出库请求的格式不尽相同，不论采用何种形式，都必须是符合财务制度要求的有法律效力的凭证。

② 先进先出。在保证物品使用价值不变的前提下，出库要坚持先进先出原则；同时，要做到保管条件差的先出，包装简易的先出，容易变质的先出，有保管期限的先出。仓库管理人员必须经常注意物品的安全保管期限等，对已经变质、已经过期失效、已经失去原使用价值的物品，不允许出库。

③ 及时记账。物品发出后，应立即在物品保管账上核销，并保存好发放凭证，同时调整吊牌。

④ 保证安全。物品出库作业，要注意安全操作，防止损坏包装和物品；同时，还要保证运输安全，做到物品包装完整，捆扎牢固，标志正确、清楚，性能不互相抵触，避免发生运输差错和损坏物品的事故。

2）出库的方式

① 送货。根据客户订单要求或出库单向客户运送货物。

② 托运。是由货主开具出货单，通过在物品流通环节内部传递，将提货单送到仓库，仓库按单发货。托运是普遍采用的一种物品发运方式，它适用于距离远、数量大的物品。采用托运这种方式，应注意加强与运输单位的联系和衔接。

③ 提货。由收货单位或受委托前来提货的单位，持货主开出的提货单到仓库提货。有的物品出库交接手续需在仓库内办理完毕。提货制一般适用于有自备车辆的单位，适合提货量少、运输距离近的物品。

④ 过户。过户是一种就地划拨的形式，实物并未出库，但是所有权已从原货主转移到新货主的账户中。仓库必须根据原货主开出的正式过户凭证办理过户手续。

⑤ 取样。货主由于商检或样品陈列等需要，到仓库提取货样，仓库必须根据正式取样凭证发出样品，并做好账务记载。

⑥ 转仓。转仓是指货主为了业务方便或改变储存条件，将某批库存从甲库转到乙库。仓库也必须根据货主单位开出的正式转仓单办理转仓手续。

5.3.4 仓储管理的作用

物流过程需要经过众多的环节，其中仓储过程是最为重要的环节之一，也是必不可少的环节。仓储从传统的货物存储、流通中心，发展到成为物流的节点，目前已作为物流管理的核心环节而存在，并发挥着整体物流协调的作用，亦成为产品制造环节的延伸。仓储在物流实际操作中的作用体现在以下 3 个方面。

1. 运输整合

运输整合是指通过多种货物配载充分利用运输空间的一种运输方法。由于运输费用随着运量的增大而减少，因此，尽可能大批量地运输货物是节省运费的有效手段。将连续不断产出的产品集中成大批量后再提交运输，或者将众多供货商所提供的产品整合到一起进行一票运输等，都需要通过仓储来进行。通过运输整合不仅能实现大批量提交运输，还可以通过比重整合、轻重搭配，实现运输工具空间的充分利用。整合服务还可以由多个厂商合并使用，以减少仓储和运输成本。在运输整合中还可以对商品进行成组、托盘化等作业，使运输作业效率提高。

2. 平衡生产

平衡生产是指通过仓储的时间调整来满足生产与销售的平衡需要。众多的产品具有季节性销售的特性，在销售高峰前才组织大批生产显然不仅不经济而且不可能。只有通过一定时间持续的经济生产，将产品通过仓储的方式储存，在销售旺季集中向市场供货，并通过仓储点的合理分布才能实现及时向所有市场供货。同样，也有部分集中生产而常年销售的产品，也需要通过仓储的方式稳定持续地向市场供货。对于一般商品、生产原材料，适量地进行安全储备是保证生产稳定进行和促进销售的重要手段，也是对抗突发事件对物流产生破坏的重要应急手段。

3. 存货控制

存货控制就是对仓储中的商品存量按市场规律进行控制。存货控制包括存量控制、仓储点安排、补充控制、出货安排等工作。除了在现场装配的大型设备、建筑外，绝大多数通用产品的现代生产很难做到完全无存货，而有存货就意味着资金运转停滞、资金成本增加、保管费用增加，并会产生耗损、浪费等风险。所以，存货控制是物流管理的重要内容之一。

5.3.5 库存管理

1. 库存管理概述

库存管理是指对生产、经营全过程的各种货品、产成品及其他资源进行预测、计划、执行、控制和监督，使其储备保持在经济合理水平上的行为。零库存是最好的库存管理。因为库存多，占用资金也多，利息负担加重。如果过分追求低库存，则会加大存货短缺成本，造成货源短缺，失去市场，甚至失去客户。因此，在库存管理过程中，应把握好衡量的尺度，处理好服务成本、短缺成本、订货成本、库存持有成本等各成本之间的关系，以求达到企业的库存管理目标。具体而言，库存管理的目标就是要实现库存成本最低、库存保证程度最高目标。通过库存管理，以满足客户服务需求为前提，对企业的库存水平进行控制管理，尽可能降低库存水平，提高物流系统的效率，以强化企业的竞争力。

2. 库存管理方法

常用的库存管理方法包括 ABC 分类法、经济订货批量法、订货点法、定期订货法等数学模型方法。当然，随着经济社会的发展，还有新的方法，如供应商管理库存、联合管理库存等，下面重点介绍其中的 3 个方法。

1）ABC 分类法

ABC 分类法是指将库存物品按照设定的分类标准和要求分为特别重要的库存（A 类）、一般重要的库存（B 类）和不重要的库存（C 类）三个等级，然后针对不同等级分别进行控制的管理方法。

① ABC 分类的基本原理。由于各种库存品的需求量和单价各不相同，其年耗用金额也各不相同。那些年耗用金额大的库存品，由于其占压企业的资金较大，对企业经营的影响也较大，因此需要特别加以重视和管理。

ABC 分类管理是根据库存品的品种和年耗用金额大小，把库存品划分为 A、B、C 三类，具体分类方法如表 5–1 所示。在使用 ABC 分类法进行库存管理的时候，“品种数占总库存品种数百分比”与“年耗用金额占总库存金额百分比”使用大约数，也就是说，这并不是一个固定不变的数值，各个企业可以根据自己的实际情况决定各类物品的比例大小。在实际应用中，对 A 类库存品执行重点管理，严格控制库存水平，对库存盘点、来料期限、领发料等都要严格要求，保持完整的库存记录，防止缺货；对 C 类库存品采用粗放的管理方法，可以适当加大安全库存量以保证企业需求；对 B 类库存品，企业可根据自己的管理能力和水平，选择使用重点管理或一般管理。如果人力、物力允许，就进行重点管理；否则，就进行一般管理。B 类库存品的管理可采用综合或连续、定期的方法，通常将若干 B 类物品合并在一起订购。

表 5–1　ABC 分类管理

类别	品种数占总库存品种数百分比	年耗用金额占总库存金额百分比
A 类	约 10%	约 70%
B 类	约 20%	约 20%
C 类	约 70%	约 10%

② ABC 三类存货的确定。ABC 三类存货的划分主要有两个标准：金额标准和品种数量标准。其中，金额标准是最基本的，品种数量标准仅作参考。确定 ABC 三类存货的一般步骤如下：

第一步：列出企业全部存货的明细表，计算各种库存品的年占用金额。

第二步：将库存品按年占用金额从大到小排列。

第三步：计算各种库存品年占用金额与全部库存金额的比例并累计。

第四步：按照 ABC 分类的基本原理进行分类，确定 A、B、C 三类存货。当金额百分比累计达到 70%左右时，视为 A 类；当金额百分比在 70%～90%时，视为 B 类；其余视为 C 类。

第五步：绘制分类图。以库存品种数百分比为横坐标，以累计占用金额百分比为纵坐标，在坐标图上取点，并连接各点，绘成 ABC 曲线。

2）供应商管理库存

供应商管理库存（VMI）是指按照双方达成的协议，由供应链的上游企业根据下游企业的需求计划、销售信息和库存量，主动对下游企业的库存进行管理和控制的库存管理方式。VMI 的原则：第一，具有良好的合作精神，即合作性原则；第二，使整体成本最小，即互惠原则；第三，签订框架协议，即目标一致性原则；第四，保持连续改进原则。VMI 运行流程如图 5–12 所示。

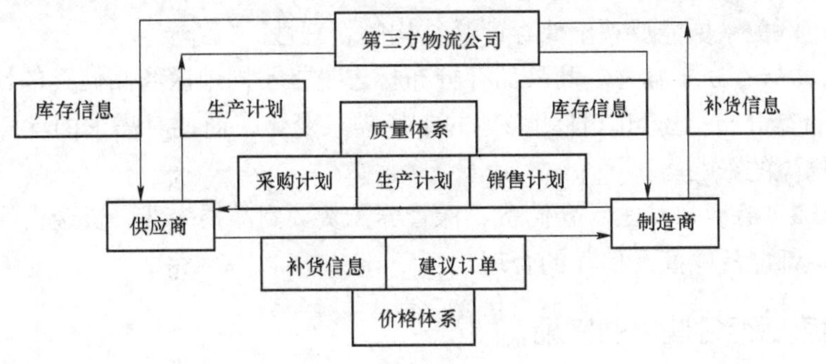

图 5-12　VMI 运行流程

3）联合管理库存

联合管理库存（JMI）是指供应链成员企业共同制订库存计划，并实施库存控制的供应链库存管理方式。传统的库存管理把库存分为独立需求和相关需求两种库存管理模式，而 JMI 则是一种风险分担的库存管理模式。联合管理库存是解决供应链系统中由于各节点企业的相互独立库存运作模式导致的需求放大现象、提高供应链的同步化程度的一种有效方法。联合管理库存与供应商管理库存不同，它强调双方同时参与，共同制订库存计划，使供销过程中的每个库存管理者（供应商、制造商、分销商）都对需求的预期保持协调，供应链相邻两个节点保持一致，从而消除需求变异放大现象。

任务 5.4　物流储存合理化

5.4.1　物流储存合理化的标志

储存合理化的含义是用最经济的办法实现商品储存的功能。商品合理储存的实质是在保证商品储存功能的前提下尽量减少投入，这也是一个投入产出的关系问题。储存合理化的主要标志如下：

① 商品质量标志。保证储存商品的质量，是完成商品储存功能的根本要求。只有这样，商品的使用价值才能得以最终实现。保证储存商品的使用价值是商品储存合理化的主要标志。

② 商品数量标志。商品储存合理化的另一个标志是对储存商品的合理数量范围做出科学的决策。

③ 商品储存时间标志。商品储存时间的合理与否是与储存商品的数量有关的。商品储存量越大而出库的速度越慢，则商品储存时间就越长，相反则商品储存时间越短。在实际工作中，衡量商品储存时间往往用商品周转速度指标来反映，如周转天数、周转次数等。

④ 商品储存结构标志。商品储存结构的合理与否是根据被储存商品的不同品种、不同规格、不同花色的储存数量的比例关系来判断的，尤其是相关性很强的商

品之间的比例关系更能反映出储存商品结构的合理性。

⑤ 商品储存分布标志。商品储存分布标志是指不同地区商品储存的比例关系，通过商品储存分布标志可以预测当地的市场需求变化，通过对需求的保障程度来判断对整个物流的影响。

⑥ 商品储存费用标志。仓储费、保管养护费、商品损失费、资金占用及资金占用利息等，都能反映商品储存的合理与否。

5.4.2 物流储存合理化的措施

1. 采用库存分类管理

商品的库存分类管理也称 ABC 分类法，其具体做法是对重要性不同的商品，给予不同的管理，达到既能保证商品供应，又能节约订购和储存费用的目的。

2. 采取先进先出的作业方式

先进先出是一种先进有效的作业方式，可以保证被储存商品的储存周期不至于太长。在实际运行中，企业往往是在保证先进先出的前提下，将周转快的商品放在便于存储之处，以加快周转，减少劳动消耗。

3. 提高库容的利用率

提高库容的利用率即提高单位储存面积的利用率，其主要目的是减少储存设施的投资，降低储存成本，减少土地的占用。

4. 采用有效的储存定位系统

商品储存定位的含义是对储存商品位置的确定。如果定位系统有效，能节省寻找、存放、取出商品的时间，不仅可以节约物化劳动和活化劳动，而且能防止差错，有利于货物的清点和货位点的管理工作。储存定位方法有“四号定位”和计算机定位等。

①“四号定位”。用 4 个号码来确定商品存取位置的固定货位方法，这是我国仓储工作中采用的手工管理方法。这 4 个号码是库号、架号、层号和位号。

② 计算机定位。是利用计算机储存容量大、检索速度快的优势，在商品入库时，将商品的存放货位、入库时间输入计算机，出库时向计算机发出指令，并按计算机的指示人工或自动寻址，找到存放的货物并拣选取货的方式。

5. 采用有效的监测清点方式

监测清点方式是通过对储存商品数量和质量的监测掌握商品储存的实际情况。在实际工作中稍有差错就会导致账、卡、物不符，所以必须及时且准确地掌握商品的储存情况，经常对账、卡、物进行核对，这无论是对人工管理还是计算机管理来说都是必不可少的。仓储管理中常用的监测清点方式有“五五化”堆码方式、光电识别系统和计算机监控系统。

①“五五化”堆码方式。这是我国仓储管理中常用的一种方法。储存商品时，以“五”为基本单位，堆成总量为“五”的倍数的垛形，如“梅花五”“重叠五”等。

② 光电识别系统。这种方式是指在货位上设置光电识别装置，用该装置对被储存的商品进行扫描，并准确地将商品数目自动显示出来。这种方式不需要人工清点就能准确掌握库存商品数目。

③ 计算机监控系统。这种方式是用计算机指示货物的存取，可以避免人工存取容易出现的差错。如在被存储商品上采用条码采集技术，使识别计数和计算机连接，每存取一件货物，识别装置就会自动识别条码并将其输入计算机，计算机会自动做出存取记录。当用户需要查询商品信息时，只需要向计算机查询，就可以了解库中所储存商品的准确情况。

6. 采用现代商品储存保管养护技术

利用现代技术控制库存条件，采用集装箱、集装袋和托盘等储运装备一体化的方式进行商品储存。

课后任务

工作任务

学习记录

一、术语解释

仓储管理

立体仓库

货垛

越库作业

仓库管理系统

二、单选题

1. 以下属于按仓库的储存保管条件分类的仓库类别是(　　)。

A. 普通仓库　　B. 立体仓库

C. 多层仓库　　D. 单层仓库

2. (　　)是仓储作业过程的最后一个环节。

A. 货物登记　　B. 货物出库

C. 货物打包　　D. 货物配送

3. 库存是指仓库中处于暂时(　　)状态的物资。

A. 静止　B. 停滞　C. 运动　D. 停摆

4. 储存管理中的一切活动，都必须以保证(　　)的质量为中心。

A. 在库物品　　B. 移库物品

C. 出库物品　　D. 入库商品

5. 中转仓库也称为(　　)。

A. 流动性仓库　　B. 流转性仓库

C. 扭转性仓库　　D. 周转性仓库

6. 现代物流力求进货与发货同期化，从静态管理到动态

管理必将使仓库设备、结构、流程等方面随之发生变化。为了和传统的仓库相区别，我们把这种新型的物流据点称为（　）。

A. 营销中心　　B. 信息中心
C. 物流中心　　D. 配送中心

7. 将零星货物集中成批量货物称为（　）。

A. 集中　B. 集合　C. 集货　D. 收货

8. 苫盖是为了防止（　）。所谓“下垫上盖”，均为配套性防潮措施。

A. 货物变形　　B. 货物受凉
C. 货物受热　　D. 货物受潮

9. 盘点的方法一般有账面盘点法和（　）盘点法。

A. 现货　B. 现金　C. 现票　D. 现场

10. 下列不属于仓储管理作用的是（　）。

A. 提高销售　　B. 运输整合
C. 平衡生产　　D. 存货控制

三、多选题

1. 仓储作业包括（　）。

A. 入库作业　　B. 保管作业
C. 盘点作业　　D. 出库作业

2. 储存作为一种普遍存在的社会经济现象，表现为三种形态，即（　）。

A. 生产储存　　B. 流通储存
C. 国家储备　　D. 异地储存

3. 国家储备是流通储存的一种形式，是指国家为了应对（　）而建立的长期储存。

A. 市场紧缺　　B. 自然灾害
C. 战争　　D. 其他意外事件

4. 物流储存的基本原则是（　）。

A. 保证质量　　B. 注重效率
C. 确保安全　　D. 力求经济

5. 保管功能包括两个方面，一要保护库存物的（　）；二要保存库存物的（　）。

A. 使用权　　B. 所有权
C. 流通价值　　D. 使用价值

6. 以下不属于按仓库的储存保管条件分类的是（　）。

A. 普通仓库　　B. 专用仓库
C. 露天堆场　　D. 筒仓

学习记录

7. 批发仓库是指商品批发企业（　　）的仓库。

A. 自有　B. 自用　C. 自营　D. 自行管理

四、判断题

1. 储存管理中的不安全因素很多。因此，特别要加强安全教育，提高员工安全意识，制定安全制度，贯彻执行“安全第一，预防为主”的安全生产方针。（　　）

2. 采购供应仓库是指商业系统集中储存从生产部门收购或从国外进口商品的仓库。（　　）

3. 配送中心的主要工作环节包括集货、储存、分货及打包、装箱。（　　）

4. 转运中心仅可以进行两种运输方式的转运。（　　）

5. 理货并不包括货物入库的一系列现场管理工作。（　　）

6. 盘点一般分为账面盘点和现货盘点。（　　）

7. 储存合理化的主要标志包括商品质量标准、商品数量标准、商品储存时间标志、商品储存结构标志、商品储存分布标志和商品储存费用标志。（　　）

8. 先进先出会延长被储存商品的储存周期。（　　）

9. “四号定位”是用4个号码来确定商品存取位置的固定货位方法。（　　）

10. 监测清点方式是通过对储存商品数量和质量的监测来预测商品储存情况的。（　　）

五、简答题

1. 请简述什么是ABC分类法。
2. 请简述库存和储备的本质区别。
3. 请简述盘点作业的目的。
4. 请简述仓储管理的作用。
5. 请简述储存合理化的措施。

评价与分析

以小组为单位，展示本组成果，根据以下评分标准进行评分。

评 分 表

<table>
<tr><td>班级</td><td></td><td>姓名</td><td></td><td>学号</td><td></td><td>日期</td><td></td></tr>
<tr><td rowspan="2">序号</td><td rowspan="2">评价内容</td><td colspan="2" rowspan="2">评价标准</td><td rowspan="2">分值</td><td colspan="3">评分</td></tr>
<tr><td>自我评价（20%）</td><td>组间评价（30%）</td><td>教师评价（50%）</td></tr>
<tr><td>1</td><td>自我学习能力</td><td colspan="2">1. 能进行时间管理。
2. 能选择适合自己的学习和工作方式。
3. 能随时修订计划并进行意外处理。
4. 能将已经学到的东西用于新的工作任务</td><td>10</td><td></td><td></td><td></td></tr>
<tr><td>2</td><td>信息收集能力</td><td colspan="2">1. 能根据不同需要去搜寻、获取并选择物流信息。
2. 能筛选物流信息，并进行物流分类。
3. 能使用多媒体等手段来展示信息</td><td>10</td><td></td><td></td><td></td></tr>
<tr><td>3</td><td>市场洞察能力</td><td colspan="2">1. 能从市场获取相关物流信息。
2. 能依据收集的信息，做简单的市场分析。
3. 能根据物流理论对市场信息进行分析</td><td>10</td><td></td><td></td><td></td></tr>
<tr><td>4</td><td>与人交流能力</td><td colspan="2">1. 能把握交流的主题、时机和方式。
2. 能理解对方谈话的内容，准确地表达自己的观点。
3. 能获取信息并反馈信息</td><td>10</td><td></td><td></td><td></td></tr>
<tr><td>5</td><td>与人合作能力</td><td colspan="2">1. 能挖掘合作资源，明确自己在合作中的作用。
2. 能同合作者进行有效沟通，理解个性差异及文化差异</td><td>10</td><td></td><td></td><td></td></tr>
<tr><td>6</td><td>解决问题能力</td><td colspan="2">1. 能说明何时出现问题并指出其主要特征。
2. 能制订解决问题的计划并组织实施。
3. 能对解决问题的方法适时地做出总结和修改</td><td>10</td><td></td><td></td><td></td></tr>
</table>

续表

序号	评价内容	评价标准	分值	评分		
7	革新创新能力	1. 能发现事物的不足并提出改进措施。 2. 能创新性地提出改进意见和具体的改进方法。 3. 能从多种方案中选择最佳方案，在现有条件下进行实施	10			
8	物流储存知识掌握程度	1. 物流储存的概念。 2. 物流储存的基本原则。 3. 物流储存的主要功能	10			
9	仓储管理知识掌握程度	1. 仓库分类。 2. 物流中心的类型。 3. 仓库管理作业。 4. 库存管理	10			
10	物流储存合理化知识掌握程度	1. 物流储存合理化的标志。 2. 物流储存合理化的措施	10			
总分			100			
评价						

单元评估

职业核心能力测评表

（在□中打√，A 通过，B 基本通过，C 未通过）

职业核心能力	评 估 标 准	自测结果
自我学习能力	1. 能进行时间管理。	□A □B □C
	2. 能选择适合自己的学习和工作方式。	□A □B □C
	3. 能根据进展修订计划并进行意外处理。	□A □B □C
	4. 能将已经学到的东西用于新的工作任务	□A □B □C
信息收集能力	1. 能根据不同需要去搜寻、获取并选择物流信息。	□A □B □C
	2. 能筛选物流信息，并进行物流分类。	□A □B □C
	3. 能使用多媒体等手段来展示信息	□A □B □C
市场洞察能力	1. 能从市场获取相关物流信息。	□A □B □C
	2. 能依据收集的信息，做简单的市场分析。	□A □B □C
	3. 能根据物流理论对市场信息进行分析	□A □B □C
与人交流能力	1. 能把握交流的主题、时机和方式。	□A □B □C
	2. 能理解对方谈话的内容，准确地表达自己的观点。	□A □B □C
	3. 能获取信息并反馈信息	□A □B □C
与人合作能力	1. 能挖掘合作资源，明确自己在合作中的作用。	□A □B □C
	2. 能同合作者进行有效沟通，理解个性差异及文化差异	□A □B □C
解决问题能力	1. 能说明何时出现问题并指出其主要特征。	□A □B □C
	2. 能制订解决问题的计划并组织实施。	□A □B □C
	3. 能对解决问题的方法适时地做出总结和修改	□A □B □C
革新创新能力	1. 能发现事物的不足并提出改进措施。	□A □B □C
	2. 能创新性地提出改进意见和具体的改进方法。	□A □B □C
	3. 能从多种方案中选择最佳方案，在现有条件下进行实施	□A □B □C
学生签字：	教师签字：	20 年 月 日

专业能力测评表

（在□中打√，A 掌握，B 基本掌握，C 未掌握）

专业能力	评价指标	自测结果	备注
物流储存的概念	1. 物流储存的概念。 2. 物流储存的基本原则。	□A □B □C □A □B □C	
物流储存功能	1. 物流储存的主要功能	□A □B □C	
仓储管理	1. 仓库分类。 2. 物流中心的类型。 3. 仓库管理作业。 4. 库存管理	□A □B □C □A □B □C □A □B □C □A □B □C	
物流储存合理化	1. 物流储存合理化的标志。 2. 物流储存合理化的措施	□A □B □C □A □B □C	
教师评语：			
成绩		教师签字	

项目 6

清楚物流配送

项目导学

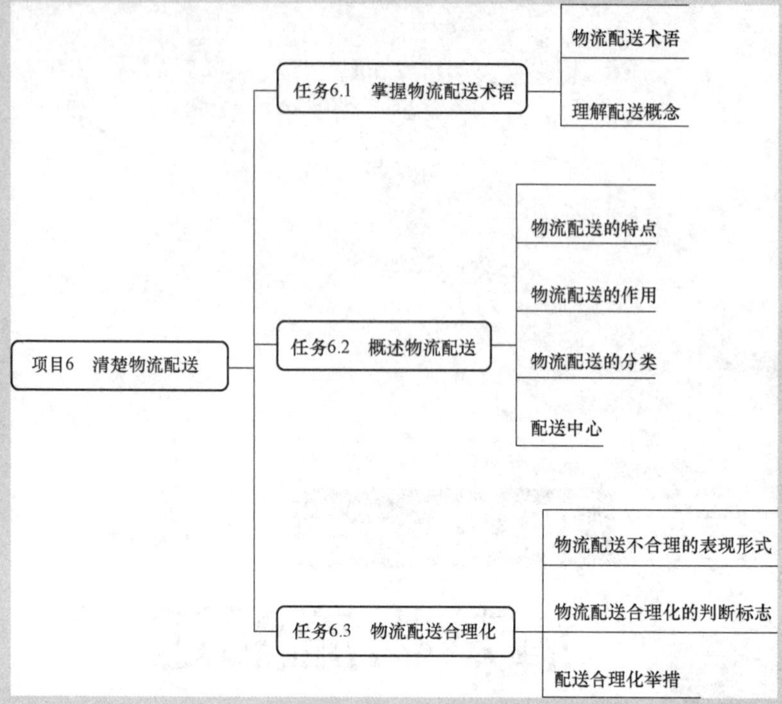

知识目标

1. 掌握物流配送术语。
2. 理解物流配送概念及作用。
3. 掌握物流配送的分类。
4. 理解配送中心的功能。

技能目标

1. 能够根据产品的种类及数量做好配送计划。
2. 能够对企业不合理配送提出改进措施。
3. 能够对企业配送合理性进行综合分析。

学习笔记

线上下单 线下配送 保障群众"菜篮子""米袋子"

"您好，您采购的物品放到家门口了。请您一分钟之后开门领取。"2022 年 1 月 7 日上午，身穿红马甲的志愿者放好物资后说道，随即离开。这是西安市某社区中南樾府小区志愿者无接触配送的一幕。"货全、价格合理，服务也好。"在收到前一日线上下单的生活物资后，该小区一名住户在保供微信群内称赞道。中南樾府小区现有居民 443 户 1 200 人。为了保障居民日常生活物资供应，该小区共设立了 7 个物资供应群，其中有 4 个商超群、3 个药店群。居民若有需要购买的日用品、瓜果蔬菜等生活物资和药品，只需线上下单，随后有专人送货上门。据锦绣社区相关负责人介绍，居民每日 22 时前在群里下单，商超工作人员次日 10 时前会将物资送到社区门口，然后由社区工作人员对物资进行消毒后，统一运送至小区内，最后由社区志愿者和物业人员"点对点"配送上门。目前，每个商超微信群内的平均接单量为 50～60 单，每天配送的包裹数在 200 个左右。

类似这样线上下单、线下配送的接力，是疫情防控期间浐灞生态区很多社区的保供模式。

西安航天基地经济商务发展局联合区内 13 家重点商场超市，以航天智慧家园平台为依托，设立线上居民生活物资需求供应平台——航天基地"疫期"生活大超市，配送范围为航天基地辖区各小区、工地及酒店等，解决居民居家购物问题。居民只需登录大超市，即可下订单购买各类基本生活物资。下完订单的 48 小时内，居民订单上的货物就会由小区物业人员送到居民家门口。西安曲江新区则鼓励区内各类大型商超、果蔬、粮油店以线下、线上两种方式进小区，并发放专项补贴。该区鼓励开展线上个性化定制，鼓励区内各类大型连锁商超、果蔬、粮油店以线上下单、线下配送方式满足居民生活需要，并为线下配送开辟绿色通道。

作为本轮疫情较为严重的地区，西安市雁塔区创新配送模式，打造"线上+线下"闭环供应链。该区积极拓展"线上服务"，居家隔离群众通过商家 App 自行下单，线上预约，获得配送服务。同时，制定落实严格的防护、消毒、测温等常态化疫情防控措施，全力保障辖区群众的"菜篮子""米袋子"。对于群众

学习笔记

买药难问题，该区通过社区团购、工作人员代购、药店配送等方式，建立安全有效的药品购买渠道，保障群众用药需求。

随着疫情逐渐得到有效控制，西安市疫情防控指挥部物资保障工作领导小组日前下发通知，要求建立多元化末端保供渠道，允许符合疫情防控要求的连锁超市、便利店、生鲜店、菜市场和重点保供企业正常营业，推进线上线下结合，推广“居民下单、商超配货、集中配送、社区工作人员（志愿者）送达”的闭环供应模式。

（资料来源：陕西日报，2022–01–09）

思考：线上下单、线下配送模式的优势是什么？

请在此处写下你的分析

任务6.1 掌握物流配送术语

6.1.1 物流配送术语

《物流术语》(GB/T 18354—2021)将配送(distribution)定义为：根据客户要求，对物品进行分类、拣选、集货、包装、组配等作业，并按时送达指定地点的物流活动。配送的实质是从物流节点到用户的一种特殊送货方式，与一般送货有所区别。以下有关物流配送的定义皆来源于《物流术语》(GB/T 18354—2021)。

① 配送中心(distribution center，DC)。具有完善的配送基础设施和信息网络，可便捷地连接对外交通运输网络，并向末端客户提供短距离、小批量、多批次配送服务的专业化配送场所。

② 区域配送中心(regional distribution center，RDC)。具有完善的配送基础设施和信息网络，可便捷地连接对外交通运输网络、配送及中转功能齐全，集聚辐射范围大，存储、吞吐能力强，向下游配送中心提供专业化统一配送服务的场所。

③ 物流园区(logistics park)。由政府规划并由统一主体管理，为众多企业在此设立配送中心或区域配送中心等，提供专业化物流基础设施和公共服务的物流产业集聚区。

④ 物流枢纽(logistics hub)。具备较大规模配套的专业物流基础设施和完善的信息网络，通过多种运输方式便捷地连接外部交通运输网络，物流功能和服务体系完善并集中实现货物集散、存储、分拨、转运等多种功能，辐射较大范围物流网络的公共物流节点。

⑤ 共同配送(joint distribution)。由多个企业或其他组织整合多个客户的货物需求后联合组织实施的配送方式。

⑥ 多温共配(multi-temperature joint distribution)。按照客户需求，在同一个车辆上对两种及以上不同温控需求的货物进行的共同配送的方式。

⑦ 即时配送(on-demand delivery)。立即响应用户提出的即刻服务要求并且短时间内送达的配送方式。

⑧ 准时制配送(just-in-time distribution)。将所需的货物在客户所指定的时间以指定的数量送达指定地点的配送方式。

⑨ 配送需求计划(distribution requirements planning，DRP)。依据市场需求、库存、生产计划信息来配置物流配送资源的一套技术方法。

⑩ 配送资源计划(distribution resource planning，DRP Ⅱ)。在配送需求计划(DRP)的基础上提高配送各环节的物流能力，达到系统优化运行目的的企业内物品配送计划管理方法。

⑪ 企业资源计划(enterprise resource planning，ERP)。在制造资源计划(MRP Ⅱ)的基础上，通过反馈的物流和反馈的信息流、资金流，把客户需求和企业内部

的生产经营活动以及供应商的资源整合在一起，体现按用户需求进行经营管理的一种管理方法。

⑫ 物流资源计划（logistics resource planning，LRP）。以物流为手段，打破生产与流通界限，集成制造资源计划、能力资源计划、配送资源计划以及功能计划而形成的资源优化配置方法。

⑬ 前置仓（preposition warehouse）。在最终消费者比较集中的最近区域设置的配送仓库。

⑭ 仓配一体（integration of warehousing and distribution）。为客户提供一站式仓储与配送服务的运作模式。

⑮ 快速反应（quick response，QR）。供应链成员企业之间建立战略合作伙伴关系，利用电子数据交换（EDI）等信息技术进行信息交换与信息共享，用高频率小批量配送方式补货，以实现缩短交货周期，减少库存，提高顾客服务水平和企业竞争力为目的的一种供应链管理策略。

6.1.2 理解配送概念

1. 配送提供的是物流服务

满足顾客对物流服务的需求是配送的前提，原因如下：一是由于在买方市场条件下，顾客的需求是灵活多变的，消费的特点是多品种、小批量的，因此从这个意义上说，配送活动绝不是简单的送货活动，而应该是建立在市场营销策划基础上的企业经营活动。二是由于买方市场条件的限制，单一的送货功能无法较好地满足广大顾客对物流服务的需求，因此配送活动是多项物流活动的统一体。有些学者甚至认为，配送就是“小物流”，只是相比大物流系统在程度上有所降低，在范围上有所缩小罢了。

2. 配送是“配”与“送”的有机结合

在送货之前，必须依据顾客需求对配送进行合理的组织与计划。只有“有组织有计划”地“配”才能实现现代物流管理中所谓的“低成本、快速度”地“送”，进而有效地满足顾客的需求。

3. 配送是指在积极合理的区域范围内的送货

配送不宜在大范围内实施，通常仅局限在一个城市或地区范围内进行。

任务 6.2 概述物流配送

6.2.1 物流配送的特点

1. 配送是从物流节点至用户的一种特殊的高水平送货形式

一般送货可以是一种偶然的行为，而配送却是一种固定的形态，甚至是一种有确定组织、确定渠道，有一套装备的管理力量、技术力量，有一套制度的体制形式。所以，配送是一种高水平的送货形式。

2. 配送运输是短距离的末端运输

配送一般以中转形式出现，并且大多数局限在一个区域内，因此是短距离、小批量货物的运输，与一般的长距离、大批量货物运输有着本质的区别。如果采用一般意义上的运输方式，配送就没有必要作为物流的一项单独职能出现了，也就失去了自身的研究价值。

3. 配送是物流活动的组合体，是“配”和“送”的有机结合

配送不单指短距离的运输与输送，除了运输外，还包含其他物流作业活动。配送是以“配”为重点的物流活动组合体，是备货、分拣、拣货等在小范围内的整合。需要注意的是，配送过程中所包含的那部分运输，处于“二次运输”“支线运输”位置，只是完成配送业务的重要保证而已，并不是配送业务的精髓所在。配送与一般送货的主要区别在于，配送通过有效的分拣、配货等理货工作，使送货达到一定的规模，并利用规模优势取得较低的送货成本。如果不进行分拣、配货，有一件运一件、需要一点送一点，就会大大增加动力的消耗。在这种情况下，送货并不优于取货。所以，为了追求配送的优势，分拣、配货等各项工作是必不可少的。

4. 配送以客户需求为出发点，体现共同收益的原则

配送的定义中强调“根据客户要求”，说明客户的主体地位。因此，配送企业或组织在观念上必须明确“客户第一”“质量第一”的思想，配送企业的地位是服务地位而不是主导地位，因此不能从企业利益出发，应从客户利益出发，在满足客户利益的基础上取得本企业的利益。更重要的是，不能将配送作为部门分割、行业分割、市场割据的手段，而应该从客户利益出发，根据客户要求进行配送活动。在配送过程中，配送企业必须完全按客户要求（包括品种搭配、数量、时间等方面）进行配送，并且以最合理的方式满足客户要求，在经济利益上体现共同受益的原则，达到配送方和需求方双赢。

5. 配送是一种“中转”形式

配送是从物流节点至客户的一种特殊送货形式。从送货功能来看，其特殊性表现在以下几个方面：

① 从事送货工作的是专职流通企业，而不是生产企业。

② 配送是中转型送货，而一般送货尤其是从工厂至用户的送货往往是直达型送货。

③ 一般送货是生产什么送什么、有什么送什么，配送则是客户需要什么送什么。

所以，要做到需要什么送什么，就必须在一定的中转环节筹集这种需要，从而使配送必然以中转形式出现。当然，从广义上说，也可以将非中转型送货纳入配送范围，将配送外延，从中转扩大到非中转，仅以“送”为标志来划分配送外延也是有一定道理的。

6.2.2 物流配送的作用

1. 提高了末端物流的经济效益

配送中所包含的那一部分运输活动，在整个运输过程中处于末端输送的位置，其起止点分别是物流节点和用户。它将各种用户的需要集中在一起进行一次发货，可以代替过去的分散发货，并使用户以一次订单代替过去的多次订单，以一次接货代替过去的频繁接货等。配送以其所具有的灵活性、适应性、服务性的特点，解决了过去末端物流的运力安排不合理、成本过高等问题，从而提高了末端物流的经济效益。

2. 使企业实现零库存成为可能

配送的出现对于库存结构的变革具有重要意义。企业可以将其一部分甚至大部分库存转变为商品配送中心的库存，这样就降低了全社会的商品库存量。不少物流专家认为，商品配送是企业通向“零库存”经营的有效途径。随着配送网络化的发展，零库存将逐渐成为可能。

3. 配送简化了手续，方便了用户

物流节点按照服务范围内用户的需要，批量购进各种物资，与用户建立比较稳定的供需关系，一般实行计划配送。而针对少数用户的临时需要，也提供即时配送服务，用户通过一次性购买活动就可以买到多种产品，简化了交易次数及相应的手续。由于配送具有“送”的功能，因此用户不必考虑运输方式、路线及装卸货物等问题，就可以在自己的工厂甚至流水线上接到所需的产品，这极大地方便了用户。

4. 配送提高了供应保证能力

配送企业依靠自己联系面广、多方组织货源的优势，按照用户企业的要求，及时供应。若组织到的货源不能满足用户的需要，配送企业还可以利用自己的加工能力进行加工改制，以适应用户的需要，及时将货物送到用户手中。如果用户自己去采购，由于精力或其他方面的原因没有采购到需要的物品或采购到的物品不适用，则必将影响商品的供应，使生产受到影响。所以，配送的发展在某种程度上可以提高供应保证能力，使整个社会的生产比较协调地发展。

6.2.3 物流配送的分类

配送是物流的一个缩影在某小范围中物流全部活动的体现。我们可以根据一定的标准对配送进行分类，具体如下（见图 6–1）。

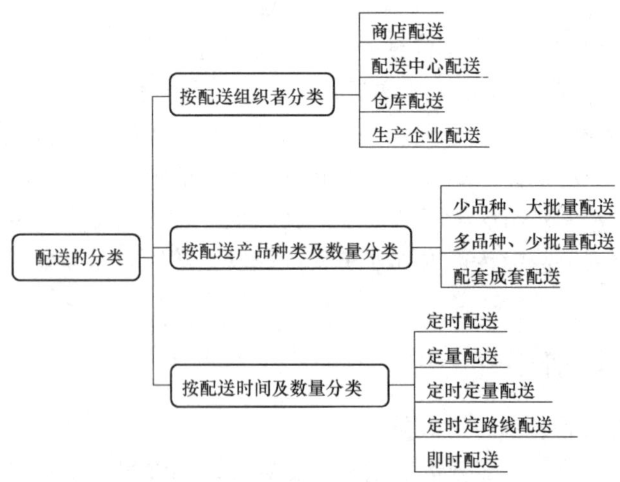

图 6–1　配送的分类

1. 按配送组织者分类

1）商店配送

配送组织者是商业或物流的网点，这些网点主要从事零售，规模一般不大，但经营品种较齐全。除了日常零售业务外，配送组织者还可以根据用户的需求将商店经营的品种配齐，或代用户订外购部分商店平时不经营的商品，与商店经营的品种一起配齐送给用户。这种配送组织者实力有限，往往只是小量、零星商品的配送。对于商品种类繁多且需求量不大，有些商品只是偶尔需要，因而很难与大配送中心建立计划配送关系的用户，可以利用商业或物流的网点从事此项工作。商业及物流网点数量较多，配送路径较短，所以更为灵活、机动，可以承担生产企业重要货物的配送任务和消费者个人货物的配送任务，它们对配送系统的完善起着较为重要的作用。这种配送是配送中心配送的辅助及补充形式。

2）配送中心配送

配送组织者是专职从事配送工作的配送中心。配送中心规模较大，可按配送需要储存各种商品，专业性强，与用户建立有固定的配送关系，一般实行计划配送。所以，需要配送的商品往往在配送中心都有固定的库存，很少超越配送中心的经营范围。配送中心的建设及工艺流程是根据配送需要专门设计的，所以配送能力强、配送距离远、品种多、数量大，可以承担工业企业生产用主要物资的配送和零售商店商品的配送任务。配送中心配送是配送的重要形式。

3）仓库配送

仓库配送是以库房、货场作为物流据点组织的配送。它可以把仓库完全改造成配送中心，也可以在保持仓库原功能的前提下增加一部分配送功能。由于原仓库并不是按配送中心的要求专门设计和建立的，因此仓库配送的规模较小，配送的专业性比较差。仓库配送是中等规模配送可以选择的形式，同时也是较容易利用现有条件而不用大量投资的形式。

4）生产企业配送

生产企业配送的组织者是生产企业，尤其是生产多品种产品的生产企业。这类配送直接在企业内部进行，而不需要将产品送到配送中心。由于减少了一次物流中转，所以有一定的优势。生产企业配送需要有较为完善的配送网络和较高的配送管理水平，适用于生产地方性较强的产品，如食品、饮料、百货等的企业。某些不合中转的化工产品及地方建材也常采用这种方式。

2. 按配送产品种类及数量分类

1）少品种、大批量配送

工业企业需要量较大的产品，单独一个品种或少数品种就可达到较大输送量，可整车运输。这种产品往往不需要再与其他产品搭配，可由专业性很强的配送中心进行配送。由于配送量大，可使车辆满载并使用大吨位车辆，组织、计划等工作也较简单，因而配送成本较低。少品种、大批量配送优势明显，但适用范围较小，当可用汽车、火车、船舶从生产企业将这种产品直抵用户，同时又不会使用户库存效益变差时，采用直送方式往往有更好的效果。

2）多品种、少批量配送

现代企业生产，除了少数重要物资，用量比较大外，还有很多单种需求量并不大的物资，如果对后者也采用大批量配送方式，就会造成用户库存增加，库存周期拉长，库存成本增加，所以这种情况比较适合采用多品种、少批量配送。多品种、少批量配送，就是将用户需要的各种物品（每种需要量不大）配备齐全，凑整装车后由配送点送达用户。

3）配套成套配送

配套成套配送是按企业生产需要，尤其是装配型企业的生产需要，将生产所需零部件配齐，按生产节奏定时送达生产企业。生产企业再将此成套零部件送入生产线装配产品。采取这种配送方式，配送企业实际上承担了生产企业的大部分供应工作。

3. 按配送时间及数量分类

1）定时配送

定时配送又称准时配送，它根据配送企业和客户双方达成的协议按规定的时间或时间间隔进行配送，如几天一次、几小时一次等。这种方式由于时间固定，对于配送中心来讲，易于安排工作计划，易于计划使用车辆；对于用户来讲，也易于安排接货力量。但由于备货的要求下达较晚，集货、配货、配装难度较大，在要求配送数量变化较大时，也会使配送运力安排出现困难。

2）定量配送

按规定的地址进行配送，但不严格确定时间，只是规定在一个指定的时间范围内配送。这种方式由于数量固定，备货工作较为简单，用不着经常改变配货备货的数量，可以按托盘、集装箱及车辆的装载能力规定配送的数量，能有效利用托盘、集装箱等集装方式，也可以做到整车配送，所以配送效率较高。由于时间不严格限定，对于配送中心来讲，可以将不同用户所需物品凑齐后配送，运力利用也较好；对于用户来讲，每次接货都处理同等数量的货物，有利于配备人力和设备。

3）定时定量配送

按规定的配送时间和配送数量进行配送。这种方式在用户较为固定又都有长期稳定的计划时采用，具有定时、定量两种方式的优点。这种方式特殊性强，计划难度大，适合采用的对象不多，因而不是一种普遍采用的配送方式。

4）定时定路线配送

在确定的运行路线上制定到达时间表，按运行时间表进行配送，用户可在规定路线及规定时间接货，可按规定路线及时间表提出配送要求，进行合理选择。采用这种方式，对于配送中心来，有利于计划安排车辆及驾驶人员。在配送用户较多的地区，可免去过分复杂的配送要求造成的配送计划、组织工作、配货工作及车辆安排困难。对于用户来讲，既可以在一定路线、一定时间内进行选择，又可以有计划地安排接货力量，有其便利性。但这种方式的应用领域是有限的，不适合普遍采用。

5）即时配送

即时配送完全按用户要求的时间、数量进行配送。

6.2.4 配送中心

配送中心是指具有完善的配送基础设施和信息网络，可便捷地连接对外交通运输网络，配送及中转功能齐全，集聚辐射范围小，存储、吞吐能力强，向下游配送中心提供专业化统一配送服务的场所。配送中心一般具有以下功能：

1. 集货功能

配送中心可以将不同供货商的货物采购后集合在一起，然后经过配送中心的其他业务操作，配送到不同的用户。

2. 储存功能

利用配送中心的储存功能，可有效地组织货源，调节商品的生产与消费、进货与销售之间的时间差，缩短商品的周转期，是配送中心获取效益的重要手段之一。

3. 拣选功能

储存商品的拣选工作在现代物流中占有重要地位。

4. 流通加工功能

流通加工是指物品从生产领域向消费领域流动的过程中，为了促进销售、维护产品质量和提高物流效率，而对物品进行的加工。

5. 配货与配送功能

配送不单是指送货，在工作内容中还有“分货”“配货”“配车”等工作，因此配送是分货、配货、送货等活动的有机结合体，同时还与订货系统紧密联系。配送完善了输送及整个物流系统，大大提高了物流的作用和经济效益。配送中心的集中库存不仅使连锁商场实现了低库存或零库存，而且有利于降低供货的缺品率。

6. 信息处理功能

配送中心在干线物流与末端物流之间起衔接作用，这种衔接不单靠实物的配送，也靠情报信息的衔接。配送中心有相当完整的信息处理系统，能有效地为整个流通过程的控制、决策和运转提供依据。

任务 6.3 物流配送合理化

6.3.1 物流配送不合理的表现形式

对于配送的决策优劣，不能简单判断，也很难有一个绝对的标准。企业效益是配送优劣的重要衡量标志，但是，在决策时常常需要考虑各个因素，有时甚至不得不做赔本买卖。所以，配送的决策是全面、综合的决策。在决策时，要尽量避免由于不合理配送所造成的损失，但有时某些不合理现象是伴生的，要追求大的合理就难免派生小的不合理。总之，配送不合理主要有以下 6 种表现形式。

1. 资源筹措不合理，即配送资源不是最优化的

配送是利用较大批量的资源，形成规模，从而实现规模效益来筹措资源，并以此来降低资源筹措成本，使配送资源筹措成本低于用户自己筹措资源的成本，从而取得优势。如果不是集中多个用户的需要批量筹措资源，而仅仅是为一两个用户代购代筹，对用户来讲，就不仅不能降低资源筹措费用，相反却要向配送企业多支付一笔代筹代办费用，因而是不合理的。资源筹措不合理还有其他表现形式，如配送计划不准、资源筹措过多或过少、在进行资源筹措时未考虑与资源供应者建立长期稳定的供需关系等。

2. 库存控制不合理

采用商品配送系统之前，库存商品分散保存在各用户的库存中。采用商品配送系统之后，用户的部分库存商品转移到了配送企业的库房。衡量库存控制是否合理，重点看配送企业的库存量加上各个用户在商品配送后的库存量之和是否低于商品配送前各用户的库存量之和。因此，配送企业必须依靠科学管理来实现一个较低的库存总量，否则就仅仅是把库存从用户方转移至配送方，并未使库存量降低。若某个用户的库存量上升而库存总量下降，也是不合理的。配送企业库存控制不合理还表现为储存量不足、不能保证随机需求、失去了应有的市场等。

3. 价格不合理

总的来说，商品配送的价格应低于配送前用户自己进货时购买产品的价格加上自己提货、运货、进货成本的总和，这样才会使用户把进货渠道转移至配送企业。有时候，由于配送具有较高的服务水平，在价格稍高时，用户也是可以接受的，但这只是个别现象。如果配送价格普遍高于用户自己的进货价格，损害了用户的利益，就是不合理的。价格定得过低，使配送企业处于无利或亏损状态，会损害配送企业的利益，这也是不合理的。配送企业用户是各自独立的以利润为中心的个体，因此不仅要看商品配送的总效益，而且还要看社会的宏观效益和配送企业及其用户的微观效益，忽视任何一方的效益，都必然出现不合理的情况。

4. 配送与到达的决策不合理

从表面上看，商品配送中心增加了一个流通环节，但这个环节在专职商品配送企业出现之前，其实已经隐含在生产企业（企业自己送货）和用户（用户取货）的活动之中，但是这个环节的增加却降低了用户的平均库存水平，不仅抵消了增加环节的支出，而且还能取得剩余效益。但是如果用户进货的批量大，可以直接通过社会物流系统均衡批量进货，较之通过配送中心转送货可能更节约费用。所以，在这种情况下，不直接进货而通过配送中心转送货，就属于决策不合理的范畴。

5. 运力使用不合理

运力使用的合理化是依靠送货运力的规划、整个商品配送系统的合理流程，以及与社会运输系统的合理衔接实现的。送货运力的规划是任何商品配送企业都需要花力气解决的问题。与用户自提相比，尤其对于多个小的用户来讲，配送可以集中配装一车送几家，这比一家一户自提，大大节省运力和运费。如果不能利用这一优势，仍然是挨个用户送货，而使车辆达不到满载，则不合理。此外，不合理运输也有若干表现形式，在配送过程中都有可能出现。

6. 经营观念的不合理

在配送实施中，有许多经营观念不合理，不但使配送优势无从发挥，而且还损害了配送企业的形象，这是在开展配送业务时尤其需要注意的。例如，配送企业利用配送手段，向用户转嫁资金、库存困难；在库存过大时，强迫用户接货，以缓解自己的库存压力；在资金紧张时，长期占用用户资金；在资源紧张时，将用户委托资源挪为他用以从中获利等。

6.3.2 物流配送合理化的判断标志

对于配送合理化与否的判断，是配送决策系统的重要内容，目前国内外尚无一定的技术经济指标体系和判断方法。按一般认识，如图 6–2 所示的若干标志应当纳入判断指标体系。

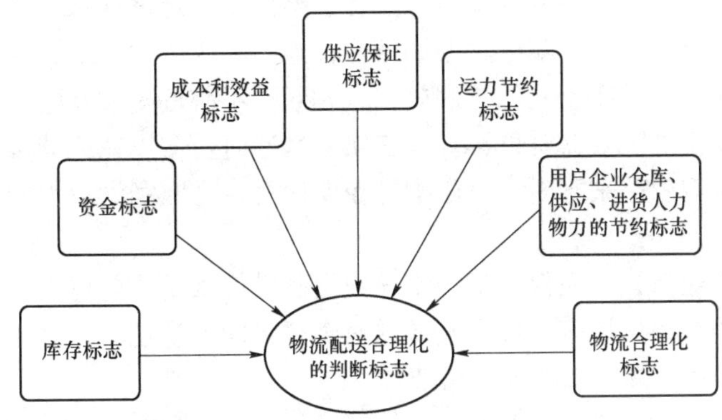

图 6–2 物流配送合理化的判断标志

1. 库存标志

库存是判断配送合理与否的重要标志。具体指标有以下两个：

① *库存总量*。库存总量是指配送企业的库存量与各个用户的库存量之和。在一个配送系统中，配送中心库存数量加上各用户在实行配送后库存量之和应低于实行配送前各用户库存量之和，才算合理。另外，从用户的角度判断，对各用户在实行配送前后的库存量做比较，也是判断库存合理与否的标准。库存总量是一个动态的量，上述比较应当是在经营量一定的前提之下的。在用户生产发展之后，库存总量的上升则反映了生产经营的发展，必须扣除这一因素，才能对库存总量是否下降做出正确判断。

② *库存周转*。由于配送企业的调剂作用，以低库存保持高的供应能力，库存周转一般总是快于原来各企业的库存周转。此外，从各个用户角度判断，各用户在实行配送前后的库存周转，也是判断配送合理与否的标志。为取得共同比较基准，以上库存标志都以库存储备资金计算，而不以实际物资数量计算。

2. 资金标志

总的来讲，实行配送应有利于资金占用降低及资金运用科学化。具体判断标志如下。

① 资金总量。用于资源筹措所占用的流动资金总量，随储备总量的下降及供应方式的改变必然有一个较大的降低。

② 资金周转。从资金运用来讲，由于整个节奏加快，资金充分发挥作用，同样数量的资金过去需要较长时期才能满足一定供应要求，配送之后在较短时期内就能达到目的。所以，资金周转是否加快，是衡量配送合理与否的标志。

③ 资金投向的改变。资金分散投入还是集中投入，是资金调控能力的重要反映。实行配送后，资金必然应当从分散投入改为集中投入，以增加调控的作用。

3. 成本和效益标志

总效益、宏观效益、微观效益、资源筹措成本都是判断配送合理化的重要标志。对于不同的配送方式，可以有不同的判断侧重点。例如，配送企业、用户都是各自独立的以利润为中心的企业，因此，不但要看配送的总效益，还要看社会的宏观效益及两个企业的微观效益，忽视任何一方都必然出现不合理现象。又如，如果配送是由用户集团自己组织的，配送主要强调保证能力和服务性，那么效益主要从总效益、宏观效益和用户集团企业的微观效益来判断，不必过多顾及配送企业的微观效益。由于总效益及宏观效益难以计算，在实际判断时，常以完成的国家税收及配送企业和用户的微观效益来判断。对于配送企业而言，企业利润反映配送的合理化程度。

对于用户企业而言，在保证供应水平或提高供应水平的前提下，供应成本的降低反映了配送的合理化程度。成本及效益对合理化的衡量还可以具体到储存、运输等配送环节，这样能够使判断更为精细。

4. 供应保证标志

实行配送，用户最大的担心是害怕供应保证程度降低，这是一个心态问题，也是承担风险的实际问题。配送的重要一点是必须提高而不是降低对用户的供应保证能力。供应保证能力可以从以下几个方面判断：

① 缺货次数。实行配送后，对用户来讲，该到货而未到货以至于影响用户生产及经营的次数，必须下降才算合理。

② 库存量。对每一个客户来说，相同库存量所形成的保证供应能力高于配送前单个企业的保证能力，从供应保证来看才算合理。

③ 即时配送效率。这是用户出现特殊情况时的特殊供应保障方式，这一能力必须高于配送前用户紧急进货能力及速度。特别需要强调的是，配送企业的供应保障能力是一个科学、合理的概念，而不是无限的概念。具体来讲，如果供应保障能力过高，超过了实际需要，也属于不合理。

5. 运力节约标志

末端运输是目前运能、运力使用不合理，浪费较大的领域，因而人们寄希望于配送来解决这个问题，这也成了配送合理化的重要标志。运力节约与否，判断起来比较复杂，但可以简化如下：

① 社会车辆总数减少，而承运量增加为合理。

② 社会车辆空驶减少为合理。

③ 顾客自提自运减少，社会化运输增加为合理。

6. 用户企业仓库、供应、进货人力物力的节约标志

配送的重要理念是为用户代劳。因此，实行配送后，各用户库存量、仓库面积、仓库管理人员减少为合理；用于订货、接货、供应的人力减少为合理。真正解除了用户的后顾之忧，配送的合理化程度才可以说是达到了一个高水平。

7. 物流合理化标志

配送必须有利于物流合理，物流合理化的问题是配送要解决的大问题，也是衡量配送本身是否合理的重要标志。物流合理化可以从以下几个方面判断：

① 是否降低了物流费用。

② 是否减少了物流损失。

③ 是否加快了物流速度。

④ 是否发挥了各种物流方式的最优效果。

⑤ 是否有效衔接了干线运输和末端运输。

⑥ 是否不增加实际的物流中转次数。

⑦ 是否采用了先进的技术手段。

6.3.3 配送合理化举措

1. 推行一定综合程度的专业化配送

通过采用专业设施、设备及操作程序，取得较好的商品配送效果，并降低商品配送过分综合化的复杂程度及难度，从而实现商品配送合理化。

2. 推行加工配送

通过加工和配送相结合，充分利用本来应有的中转，而不增加新的中转，以求得商品配送合理化。同时，借助于配送，加工的目的更明确，和用户的联系更紧密，避免了盲目性。以上两者有机结合，投入不会增加太多，却可以获得两个优势和两个效益，是配送合理化的重要方式。

3. 推行共同商品配送

通过共同配送，以最近的路程、最低的商品配送成本完成商品配送，从而配送实现合理化。

4. 实行送取相结合

如果配送企业与用户建立了稳定、密切的协作关系，那么配送企业就不仅成为用户的供应代理人，而且成为用户的储存据点，甚至成为其产品的代销人。在进行配送时，配送企业将用户所需的物资送到，再将该用户生产的产品用同一车辆运回，这些产品也成为配送中心的配送产品之一，或者由配送企业代存代储以免去生产企业的库存包袱。这种送取结合的方式，使运力得到充分利用，也使商品配送企业的功能得到更大的发挥，从而实现配送合理化。

5. 推行准时配送系统

准时配送是配送合理化的重要内容。配送做到了准时，用户才有把握，才可以放心地实施低库存或零库存，有效地安排接货的人力、物力，以实现最高效率的工作。另外，供应保证能力也取决于准时供应。准时配送是现在许多配送企业追求配送合理化的重要手段。

6. 推行即时配送

即时配送是最终解决用户的断供之忧、大幅度提高供应保证能力的重要手段。即时配送是配送企业快速反应能力的具体表现，是配送企业能力的体现。即时配送为客户创造了时间价值和空间价值，尽管即时配送成本较高，但它免去了客户仓库建设投资和库存维护成本，因而是整个商品配送合理化的重要保障手段。此外，用户要想实行零库存，即时配送也是重要的保障手段。

7. 扩大配送服务对象，开展社会化配送

“社会化配送”就是将商品配送业务委托给由多家生产厂家和批发企业共同设立的“配送中心”，以提高商品物流的效率。即将原来由许多连锁配送系统或厂家分别向分散在某个地区的连锁店铺送货，改为先将许多厂家的商品集中到“社会化”配送中心，再由配送中心将商品按配送要求进行分拣、配货，然后统一向各店铺送货。

课后任务

一、术语解释

配送中心

物流枢纽

多温共配

仓配一体

快速反应

二、单选题

1. (　　) 配送是配送中心配送的辅助及补充形式。

A. 商店配送　　B. 配送中心配送

C. 仓库配送　　D. 生产企业配送

2. (　　) 是配送的重要形式。

A. 商店配送　　B. 配送中心配送

C. 仓库配送　　D. 生产企业配送

3. (　　) 是开展中等规模配送可以选择的形式。

A. 商店配送　　B. 配送中心配送

C. 仓库配送　　D. 生产企业配送

4. (　　) 具有完善的配送基础设施和信息网络，可便捷地连接对外交通运输网络、配送及中转功能齐全，集聚辐射范围大，存储、吞吐能力强。

学习记录

A. 配送中心　　B. 区域配送中心
C. 物流枢纽　　D. 物流园区

5. 以下对于配送的理解，正确的是（　　）。

A. 配送实质就是送货，和一般送货没有差别
B. 配送要完全遵守“按客户要求”，只有这样才能实现双赢
C. 配送是物流中一种特殊的、综合的活动形式，指的是短距离的运输与输送
D. 配送是物流活动的组合体，是“配”和“送”的有机结合

6.（　　）是衡量配送合理与否的标志。

A. 组织管理是否科学
B. 产品种类是否多样
C. 资金周转是否加快
D. 客户评价是否满意

7. 对于配送企业而言，（　　）反映配送的合理化程度。

A. 企业利润　　B. 员工评价
C. 品牌声誉　　D. 社会认同

8. 对于用户企业而言，在保证供应水平或提高供应水平的前提下，（　　）反映了配送的合理化程度。

A. 供应成本的降低　　B. 配送速度的提升
C. 服务态度的优化　　D. 配送环节的完整

9. 虽然（　　）成本较高，但它免去了客户仓库建设投资和库存维护成本。

A. 加工配送　　B. 专业配送
C. 共同配送　　D. 即时配送

10. 华润怡宝给市区各饮用水供应点配送饮用水，此种配送形式称为（　　）。

A. 共同配送　　B. 生产企业配送
C. 定时配送　　D. 定量配送

三、多选题

1. 下列属于配送中心功能的是（　　）。

A. 集货功能　　B. 储存功能
C. 整合功能　　D. 流通加工功能
E. 配货与配送功能　　F. 信息处理功能

2. 配送可以按______、______、______分为三类。

A. 配送组织者　　B. 配送产品种类及数量
C. 配送时间及数量　　D. 配送金额

学习记录

3. 下列行为中，可能损害配送企业形象的是（　　）。

A. 配送企业利用配送手段，向用户转嫁资金

B. 在库存过大时，强迫用户接货

C. 在资金紧张时，长期占用用户资金

D. 在资源紧张时，将用户委托资源挪为他用以从中获利

4. 库存标志的具体指标有（　　）。

A. 库存回收　　B. 库存总量

C. 库存管理　　D. 库存周转

5.（　　）都是判断配送合理化的重要标志。

A. 基础效益　　B. 总效益

C. 宏观效益　　D. 微观效益

E. 资源筹措成本

6. 按配送商品的种类和数量分类，配送可分为（　　）。

A. 套装配送

B. 航空配送

C. 少品种、大批量的配送

D. 多品种、少批量、多批次配送

7. 定时配送中的日配形式适合的商品包括（　　）。

A. 饼干　B. 水果　C. 猪肉　D. 鲜花

四、判断题

1. 拣选功能是配送中心的功能之一。（　　）

2. 可以从缺货次数方面判断供应保证能力。（　　）

3. 即时配送效率不一定要高于未实行配送前用户紧急进货能力及速度才算合理。（　　）

4. 配送中心一般具有集货功能、储存功能、分类功能。（　　）

5. 配送的决策是全面、综合的决策。（　　）

6. 仓库的年周转率越高，收益越小。（　　）

7. 共同配送有利于降低运输费用。（　　）

8. 拣货是配送中心最复杂的作业。（　　）

9. 配送是中转形式的送货，它以用户的需求为出发点。（　　）

10. 通过库存控制可以减少呆滞商品发生。（　　）

五、简答题

1. 请简述配送不合理都有哪些表现形式。

2. 请简述物流合理化标志可以从哪几个方面进行判断。

3. 请简述什么是定时、定量配送。

4. 请简述有哪些配送合理化的举措。

评价与分析

以小组为单位，展示本组成果，根据以下评分标准进行评分。

评 分 表

<table>
<tr><td>班级</td><td></td><td colspan="2">姓名</td><td>学号</td><td></td><td>日期</td><td></td></tr>
<tr><td rowspan="2">序号</td><td rowspan="2">评价内容</td><td colspan="2" rowspan="2">评价标准</td><td rowspan="2">分值</td><td colspan="3">评分</td></tr>
<tr><td>自我评价（20%）</td><td>组间评价（30%）</td><td>教师评价（50%）</td></tr>
<tr><td>1</td><td>自我学习能力</td><td colspan="2">1. 能进行时间管理。
2. 能选择适合自己的学习和工作方式。
3. 能随时修订计划并进行意外处理。
4. 能将已经学到的东西用于新的工作任务</td><td>10</td><td></td><td></td><td></td></tr>
<tr><td>2</td><td>信息收集能力</td><td colspan="2">1. 能根据不同需要去搜寻、获取并选择物流信息。
2. 能筛选物流信息，并进行物流分类。
3. 能使用多媒体等手段来展示信息</td><td>10</td><td></td><td></td><td></td></tr>
<tr><td>3</td><td>市场洞察能力</td><td colspan="2">1. 能从市场获取相关物流信息。
2. 能依据收集的信息，做简单的市场分析。
3. 能根据物流理论对市场信息进行分析</td><td>10</td><td></td><td></td><td></td></tr>
<tr><td>4</td><td>与人交流能力</td><td colspan="2">1. 能把握交流的主题、时机和方式。
2. 能理解对方谈话的内容，准确地表达自己的观点。
3. 能获取信息并反馈信息</td><td>10</td><td></td><td></td><td></td></tr>
<tr><td>5</td><td>与人合作能力</td><td colspan="2">1. 能挖掘合作资源，明确自己在合作中的作用。
2. 能同合作者进行有效沟通，理解个性差异及文化差异</td><td>10</td><td></td><td></td><td></td></tr>
<tr><td>6</td><td>解决问题能力</td><td colspan="2">1. 能说明何时出现问题并指出其主要特征。
2. 能制订解决问题的计划并组织实施。
3. 能对解决问题的方法适时地做出总结和修改</td><td>10</td><td></td><td></td><td></td></tr>
</table>

续表

序号	评价内容	评价标准	分值	评分		
				自我评价（20%）	组间评价（30%）	教师评价（50%）
7	革新创新能力	1. 能发现事物的不足并提出改进措施。 2. 能创新性地提出改进意见和具体的改进方法。 3. 能从多种方案中选择最佳方案，在现有条件下进行实施	10			
8	配送基础知识掌握程度	1. 配送的定义。 2. 配送的主要特点。 3. 配送的作用。 4. 配送的分类	10			
9	配送中心知识掌握程度	1. 配送中心的定义。 2. 配送中心的功能	10			
10	配送合理化知识掌握程度	1. 配送不合理的形式。 2. 配送合理化的判断标志。 3. 配送合理化的举措	10			
总分			100			
评价						

单元评估

职业核心能力测评表

（在□中打√，A通过，B基本通过，C未通过）

职业核心能力	评估标准	自测结果
自我学习能力	1. 能进行时间管理。	□A □B □C
	2. 能选择适合自己的学习和工作方式。	□A □B □C
	3. 能根据进展修订计划并进行意外处理。	□A □B □C
	4. 能将已经学到的东西用于新的工作任务	□A □B □C
信息收集能力	1. 能根据不同需要去搜寻、获取并选择物流信息。	□A □B □C
	2. 能筛选物流信息，并进行物流分类。	□A □B □C
	3. 能使用多媒体等手段来展示信息	□A □B □C
市场洞察能力	1. 能从市场获取相关物流信息。	□A □B □C
	2. 能依据收集的信息，做简单的市场分析。	□A □B □C
	3. 能根据物流理论对市场信息进行分析	□A □B □C
与人交流能力	1. 能把握交流的主题、时机和方式。	□A □B □C
	2. 能理解对方谈话的内容，准确地表达自己的观点。	□A □B □C
	3. 能获取信息并反馈信息	□A □B □C
与人合作能力	1. 能挖掘合作资源，明确自己在合作中的作用。	□A □B □C
	2. 能同合作者进行有效沟通，理解个性差异及文化差异	□A □B □C
解决问题能力	1. 能说明何时出现问题并指出其主要特征。	□A □B □C
	2. 能制订解决问题的计划并组织实施。	□A □B □C
	3. 能对解决问题的方法适时地做出总结和修改	□A □B □C
革新创新能力	1. 能发现事物的不足并提出改进措施。	□A □B □C
	2. 能创新性地提出改进意见和具体的改进方法。	□A □B □C
	3. 能从多种方案中选择最佳方案，在现有条件下进行实施	□A □B □C
学生签字：	教师签字：	20 年 月 日

专业能力测评表

（在□中打√，A 掌握，B 基本掌握，C 未掌握）

专业能力	评价指标	自测结果	备注
配送基础概念	1. 配送的定义。 2. 配送的主要特点。 3. 配送的作用。 4. 配送的分类	□A □B □C □A □B □C □A □B □C □A □B □C	
配送中心	1. 配送中心的定义。 2. 配送中心的功能	□A □B □C □A □B □C	
配送合理化	1. 配送不合理的形式。 2. 配送合理化的判断标志。 3. 配送合理化的举措	□A □B □C □A □B □C □A □B □C	
教师评语：			
成绩		教师签字	

项目 7
摸透物流运输

项目导学

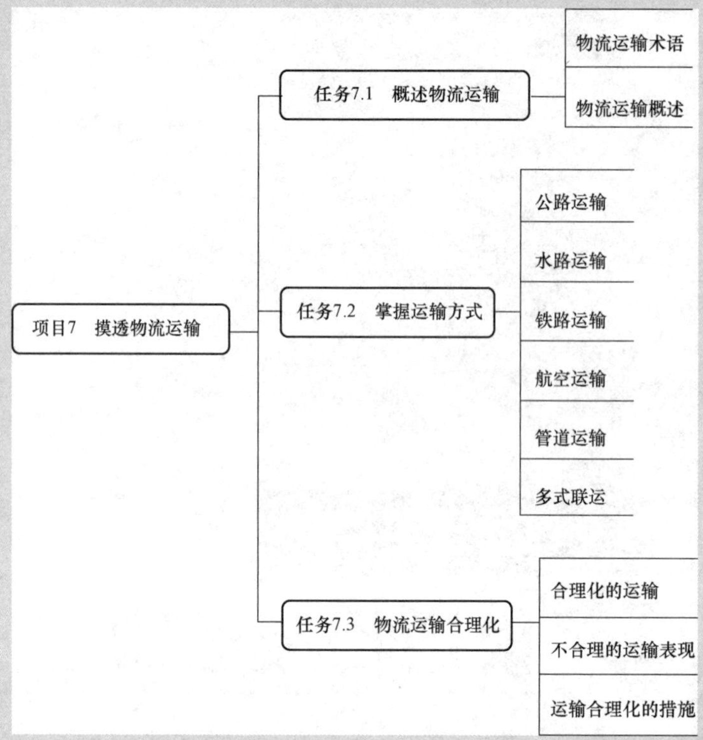

知识目标

1. 掌握物流运输术语。
2. 了解物流运输的功能与特点。
3. 掌握现代物流运输的种类及优缺点。

技能目标

1. 能够根据产品特点选择合适的运输方式。
2. 能够对企业运输方式合理性进行综合分析。
3. 能够评价多式联运的运输方式。

学习笔记

西部陆海新通道海铁联运班列覆盖10省份 沿线货源集聚

广西壮族自治区发展和改革委员会副主任黄文川于2021年7月21日在新闻发布会上介绍：今年以来，广西积极拓展西部陆海新通道沿线货源，新开通北部湾港至内蒙古、湖南、宁夏海铁联运班列，目前班列已覆盖10个省份。西部陆海新通道吸引力不断增强，集聚作用加速显现。

西部陆海新通道是中国西部省份与新加坡合作打造的贸易通道，货物以铁路、水路、公路等运输方式向南经广西北部湾港通达世界各地。数据显示，西部陆海新通道海铁联运班列快速增长，2021年上半年累计开行班列2 902列，同比增长72%。

西部陆海新通道海铁联运枢纽港北部湾港航运网络也不断织密，上半年新增泰柬（钦州—海防—林查班—关丹—雅加达）、越南北部（钦州—香港—南沙—海防—宜山）两条外贸航线，集装箱航线达54条。北部湾港2021年上半年完成集装箱吞吐260.79万标箱，增长22%，增幅居中国沿海主要港口前列。

黄文川表示，西部陆海新通道已成为RCEP框架下连接中国与东盟地区的最快速、最便捷通道。广西正着力提升通道运输能力，加快建设贵阳至南宁铁路、贵州平塘经天峨至南宁高速公路等一批干线项目，力争2022年开工建设西部陆海新通道（平陆）运河，加快形成多向连通、衔接国际的集成大通道；推进钦州—北海—防城港港口型国家物流枢纽建设。

2021年以来，广西官方率队赴重庆、四川、湖南、贵州、云南等通道沿线省市，就共同推动基础设施互联互通、强化通道运行和市场培育等方面达成积极共识。前述沿线省市将大力推动通道的国际、省际产能合作。黄文川称，广西将继续推动海铁联运班列线路对中国西部地区全覆盖，并与中欧班列无缝对接。

学习笔记

（资料来源：中国新闻网，2021-07-21）

思考：西部陆海新通道将给我国国际货运带来什么影响？

请在此处写下你的分析

任务 7.1　概述物流运输

7.1.1　物流运输术语

《物流术语》（GB/T 18354—2021）将运输（transport）定义为：利用载运工具、设施设备及人力等运力资源，使货物在较大空间上产生位置移动的活动。运输是人和物的载运与输送。常用的运输有 5 种：公路运输、铁路运输、水路运输、航空运输和管道运输。运输是现代物流活动中比较重要的一环，也是研究现代物流的重点领域，以下有关物流运输的定义皆来源于《物流术语》（GB/T 18354—2021）。

① 发货人（consignor）。按运输合同将货物交付承运人运送的单位、个人或其受托人、代理人。

② 收货人（consignee）。由托运人或发货人指定，依据有关凭证与承运人交接并收取货物的当事人或其代理人。

③ 托运人（shipper）。本人或者委托他人以本人名义与承运人订立货物运输合同，并向承运人支付相应费用的一方当事人。

④ 承运人（carrier）。本人或者委托他人以本人名义与托运人订立货物运输合同并承担运输责任的当事人。

⑤ 无车承运人（non-truck operating carrier，NTOC）。不拥有货运车辆，以承运人身份与托运人签订运输合同、承担承运人责任和义务，并委托实际承运人完成运输服务的道路货物运输经营者。

⑥ 无船承运人（non-vessel operating carrier，NVOC）。不拥有、不经营船舶，但以承运人的身份接受托运人委托，签发自己的提单或其他运输单证，向托运人收取运费并承担承运人责任，通过与有船承运人签订运输合同，完成海上货物运输经营活动的经营者。

⑦ 门到门运输（door to door transport）。承运人在托运人指定的地点收取货物，负责将货物运抵收货人指定地点的一种运输服务方式。

⑧ 直达运输（through transport）。货物由发运地到接收地，采用同一种运输方式、中途不需要中转的运输组织方式。

⑨ 中转运输（transfer transport）。货物由发运地到接收地，中途经过至少一次落地、换装、铁路解编或公路甩挂的运输组织方式。

⑩ 甩挂运输（tractor-and-trailer swap transport）。用牵引车拖带挂车至物流节点，将挂车甩下后，牵引另一挂车继续作业的运输组织方式。

⑪ 驮背运输（piggyback transport）。将装有货物的道路运输车辆固定在铁路车辆上，并由铁路实现的运输活动。

⑫ 整车运输（full-truck-load transport）。一批属于同一发（收）货人的货物且其

重量、体积、形状或性质需要以一辆（或多辆）货车单独装运，并据此办理承托手续、组织运送和计费的运输活动。

⑬ 零担运输（less-than-truck-load transport）。一批货物的重量、体积、形状和性质不需要单独使用一辆货车装运，并据此办理承托手续、组织运送和计费的运输活动。

⑭ 带板运输（palletized transport）。将货物按照一定规则，合理码放到标准托盘上并整合为标准化物流单元，进而开展装卸、搬运、运输、配送等作业的一种运输活动。

⑮ 滚装运输（rolling transport）。货物通过自身车轮或其他滚动行驶系统驶上、驶下/离滚装船舶而实现的运输活动。

⑯ 多式联运（multimodal transportation，intermodal transportation）。货物由一种运载单元装载，通过两种或两种以上运输方式连续运输，并进行相关运输物流辅助作业的运输活动。

⑰ 班列（scheduled railway express）。按照固定车次、线路、班期、全程运输时刻开行的铁路快运货物列车。

⑱ 快递服务（express service）。在承诺的时限内快速完成的寄递服务。

⑲ 集疏运（collection and distribution）。以大型物流节点为中心，运用各种运输方式将货物集中或疏散的运输活动。

⑳ 换装（transshipment）。将货物由一运输工具上卸下，再装到另一运输工具上的物流衔接作业。

㉑ 集装运输（unitized transport）。使用集装器具或利用捆扎方法，把裸状物品、散状物品、体积较小的成件物品，组合成为一定规格的集装单元进行运输的一种组织形式。

㉒ 分拣输送系统（sorting and picking system）。采用分拣设备、输送机等机械设备实现物品分类、输送和存取的系统。

㉓ 集装箱船（container ship）。用于载运集装箱的船舶。

㉔ 厢式货车（cargo van）。载货部位的结构为封闭厢体且与驾驶室各自独立的道路货运车辆。

㉕ 牵引车（tractor）。具有牵引装置，用于牵引挂车的商用车辆。

㉖ 挂车（trailer）。设计和制造上需由汽车或拖拉机牵引，才能在道路上正常使用的无动力道路车辆，包括牵引杆挂车、中置轴挂车和半挂车。

㉗ 跨境运输（cross-border transportation）。一种跨越国境或边境的运输。

㉘ 国际多式联运（international multimodal transportation，international intermodal transportation）。按照多式联运合同，以至少两种不同的运输方式，由多式联运经营人将货物从一国境内的接管地点运至另一国境内指定交付地点的货物运输方式。

㉙ 国际航空货物运输（international air cargo transport）。货物的出发地、约定的经停地和目的地之一不在同一国境内的航空运输。

㉚ 国际铁路联运（international through railway transport）。使用一份统一的国际

铁路联运票据，由跨国铁路承运人办理两国或两国以上铁路的全程运输，并承担运输责任的一种连贯运输方式。

㉛ 中欧班列（China-Europe freigh express）。按照固定车次、线路、班期和全程运行时刻开行，运行于中国与欧洲以及“一带一路”沿线国家间的集装箱等铁路国际联运列车（如图 7–1 所示）。

图 7–1　中欧班列

㉜ 班轮运输（liner transport）。在固定的航线上，以既定的港口顺序，按照事先公布的船期表航行的水上运输经营方式。

㉝ 租船运输（shipping by chartering）。船舶出租人把船舶租给承租人，根据租船合同的规定或承租人的安排来运输货物的运输方式。

㉞ 大陆桥运输（land bridge transport）。用横贯大陆的铁路或公路作为中间桥梁，将大陆两端的海洋运输连接起来的连贯运输方式。

㉟ 转关运输（trans-customs transport）。进出口货物在海关监管下，从一个海关运至另一个海关办理海关手续的行为。

7.1.2　物流运输概述

1. 运输的功能

1）产品转移

运输的主要目的是以最少的时间、最小的成本和最优的资源，将产品从原产地转移到规定地点。运输的主要功能是产品在价值链中来回移动。无论产品处于哪种形式，是材料、零部件、装配件、在制品还是制成品，也不管在制造过程中将被转移到下一阶段，还是实际上更接近最终顾客，运输都是必不可少的。此外，产品转移所采用的方式必须能够满足顾客有关交付履行和装运信息的可得性等方面的要求。

2）产品储存

用运输车辆对产品进行临时储存是不太常用的运输功能，原因是价格昂贵，但在仓库空间有限的情况下，利用运输车辆储存也是一种可行的选择。如果转移中的产品需要储存，在短时间内将重新转移的话，那么该产品从车上卸下来存入仓库、再出库装上车的成本也许会超过储存在运输工具中每天支付的费用。所以，尽管用运输工具储存产品可能是昂贵的，但当需要考虑装卸成本、储存能力限制，或延长前置时间的能力时，从总成本或完成任务的角度来看往往是正确的。

2. 运输的特点

1）运输联系的广泛性

运输生产是一切经济部门生产过程的延续。企业通过各种运输方式，既可以把原材料、燃料等送达生产地，又能把产品运往消费地。运输生产贯穿于整个社会再生产过程。因此，运输和其他活动的联系要比生产活动更为广泛，它几乎和所有的生产经营活动都发生直接或间接的联系。运输线路是否畅通，对企业的连续生产、充分发挥生产资金的作用，以及加速商品流通等都具有极其重要的影响。

2）运输生产的非实体性

运输产品是看不见、摸不着，且与被运输的实体产品结合在一起的产品，它只是实现空间的位移。因此，运输产品的生产过程和消费过程是同时发生的。由于运输生产是在广大空间范围内进行的活动，各种运输线路和港站集散能力一旦形成，就具有了该地区的运输能力。因此，对这种运输能力在地域上的布局应力求与货物的分布相适应。另外，运输服务不需要原料，因而运输部门也就不需要原料储备和半成品、成品储备，这就决定了运输成本具有特殊的构成：燃料费和折旧费在运输成本中占有较大的比重。因此，充分发挥运输设备及工具的作用，对降低运输成本和节省运输费用具有重要意义。

3）运输生产的连续性

运输活动是在一条固定的线路上完成的，它的空间范围极为广阔。而货物运输往往需要由几种运输方式共同完成，不像工农业生产那样在一定范围内即可完成其生产任务。因此，在物流规划中，保证运输生产的连续性，以及根据运输需求，按地区和货流形成综合运输能力，具有重要意义。

4）运输方式的替代性

实现货物的位移，往往可采用不同的运输方式。由于在各种运输方式下的同一个产品都产生相同的“位移”，因此任一种运输方式都有可能被另一种运输方式代替。这种运输需求在运输方式之间转移的可能性，导致各种运输方式之间具有一定的替代和竞争关系。运输方式的替代性，使得有可能通过调节不同运输方式的供求关系，使运量在各种运输方式之间合理分配，形成较为科学的综合运输体系。

5）运输服务下创造新产品

在正常条件下，运输生产的产品只是货物在空间上的位移。其他生产活动是通过物理、化学或生物作用的过程改变劳动对象的数量和质量，从而得到新的产品，以满足人们的需要。运输服务则与此不同：它虽然也创造使用价值与价值，但不

创造新的产品，它只是把价值追加到被运输的货物上，实现货物场所的变更。因此，在物流活动中，充分考虑节省运输能力、降低运输成本，就具有极其重要的意义。

6）运输是“第三利润源”的主要源泉

运输是企业降低成本的法宝，原因有：

① 运输是运动中的活动，承担着大跨度空间位移的任务，其特点是运距长、持续时间长，要消耗大量的动力，而消耗的动力绝对数量越大，可节约的潜力也就越大。

② 运费成本在物流成本中所占的比重最大。在综合分析计算社会物流费用时，运输费在其中占 50%左右，有些产品运费甚至高于产品的生产费用，节约运费的潜力是很大的。因此，提高物流运输系统的效率和质量，对整个企业的成本和效益是至关重要的。

任务 7.2　掌握运输方式

现代物流常用的运输方式有 5 种：公路运输、水路运输、铁路运输、航空运输和管道运输。

7.2.1　公路运输

公路运输又称道路运输，是指主要使用汽车或其他运输工具在道路上载运货物的一种运输方式（如图 7–2 所示）。公路运输是构成陆上运输的两种基本运输方式之一，主要承担近距离、小批量、门到门的货运，也承担铁路运输难以到达地区的长途、大批量货运，以及铁路、水运的优势难以发挥的短途运输。公路运输不仅可以直接运进或运出货物，而且也是车站、港口和机场集散货物的重要运输手段。

图 7–2　公路运输

1. 公路运输的优点

① 运输工具机动灵活。现代公路运输的主要运载工具是汽车。汽车对于到达地点的设施要求不高，能深入工厂、矿山、车站、码头、农村、山区、城镇街道及居民区等地点，将货物从发货者门口直接运送到收货者门口，不需要转运或多次装卸搬运，在直达性上有明显的优势。所以，对于线路复杂的中短途运输来说，汽车运输货物损耗少，运送速度快。据国外有关调查资料显示，在中短途运输中，汽车运输的平均速度比铁路运输快 4～6 倍，比水路运输快 10 倍，且最易实现“门到门”的运输。

② 运载量的机动灵活。公路运输运载量既可以根据时间要求进行灵活装载；还可以根据货品要求不同，装载不同的数量。

③ 运输组织方式的机动灵活。公路运输既可自成体系组织运输，又可连接其他运输方式，可与铁路、水路联运，为铁路、港口集散货物。

④ 运营时间机动。公路运输能根据需要灵活制定运营时间表，运输中的伸缩性极大。

2. 公路运输的缺点

① 运输能力小。由于公路运输中使用的汽车体积有限，无法运送大件货物，所以不适宜运输大件货物及长距离的货物运输。

② 运输能耗高。公路运输能耗分别是铁路运输能耗的 10.6～15.1 倍、海运能耗的 11.2～15.9 倍、内河运输能耗的 13.5～19.1 倍、管道运输能耗的 4.8～6.9 倍，但比航空运输能耗低，只有航空运输能耗的 6%～8%。

③ 运输成本高。公路运输成本分别是铁路运输成本的 11.1～17.5 倍、海运成本的 27.7～43.6 倍、管道运输成本的 13.7～21.5 倍，但比航空运输成本低，只有航空运输成本的 6.1%～9.6%。

④ 劳动生产率低。公路运输的劳动生产率约为铁路运输的 10.6%、沿海运输的 15%、内河运输的 7.5%，但比航空运输的劳动生产率高，是航空运输的 3 倍左右。

⑤ 占地大。修建公路不像建设机场、码头，它需要占用大量的陆地面积。另外，公路运输对于环境的污染也比其他运输方式严重，而且还容易发生事故。

3. 公路运输的适用范围

① 内陆地区近距离的独立运输。公路运输主要适宜于 50～200 千米以内的中短途运输。不过，由于高速公路的广泛修建，公路运输将会逐渐形成从短途运输到短中长途运输并举的格局，这将是公路运输发展的一个不可逆转的趋势。

② 补充和衔接其他运输方式。这里指当铁路、水路、航空运输方式担负主要运输时，由公路运输担负起点和终点的短途集散运输，完成其他运输工具不能到达地方的货物运输。

7.2.2 水路运输

水路运输是指使用船舶及其他航运工具，在江河、湖泊、海洋上载运货物的一种运输方式（如图 7-3 所示）。水路运输主要承担长距离、大批量的长途运输，在内

河及沿海也常使用小型运输工具承担补充及衔接大批量货物干线运输的任务。水路运输也是干线运输中起主力作用的运输方式之一。水路运输有 4 种运输形式，即沿海运输、近海运输、远洋运输和内河运输。

图 7–3　水路运输

1. 水路运输的优点

① 运输能力大。在五种运输方式中，水路运输能力最大。在长江干线，一支拖驳船队或顶推驳船队的载运能力已超过万吨；2021 年 3 月，搁浅在苏伊士运河上的巨型集装箱船“长赐号”，就达 22.4 万吨；油船运载能力可以超过 50 万吨。

② 通过能力强。在运输条件良好的航道，通过能力几乎不受限制。

③ 通用性能较好。既可载客，也可载货，尤其适合运输大件货物。

2. 水路运输的缺点

① 受自然条件影响较大。内河航道和某些港口受季节影响较大：冬季结冰，枯水期水位变低，难以保证全年通航。

② 运送速度慢。在途货物多，会增加货主的流动资金占有量。

3. 水路运输的适用范围

水路运输综合优势较为突出，适宜运距长、运量大、时间性不太强的各种大宗物资运输。

7.2.3　铁路运输

铁路运输是指在铁路上把车辆组成列车载运货物的另一种陆上运输方式（如图 7–4 所示），它是现代最重要的货物运输方式之一。铁路运输主要承担长距离、大批量的长途货运。在我国，每年有 50%左右的货物运输由铁路运输完成。铁路运输是干线中起主力作用的重要运输方式。

图 7–4　铁路运输

1. 铁路运输的优点

① 运行速度快，成本较低。

② 运载能力大，一列列车可装 2 000～3 500 吨货物，重载列车可装 20 000 多吨货物；单线铁路单向年最大货物运输能力达 1 800 万吨，双线铁路达 5 500 万吨；若运行组织做得好的话，单线铁路单向年最大货物运输能力达 4 000 万吨，双线铁路单向年最大货物运输能力超过 1 亿吨。

③ 运输过程受自然条件限制较少，连续性强，能保证全年运行。

④ 通用性能好，既可运客，又可运不同类型的货物。

⑤ 到发时间准确率较高。

⑥ 运行比较平稳，安全可靠。

⑦ 平均运距分别为公路运输的 25 倍、管道运输的 1.15 倍，但运费不足水路运输的一半、不到民航运输的三分之一。

2. 铁路运输的缺点

① 投资大。

② 建设周期长。一条干线要建设 5～10 年，而且占地多，将给社会增加更多的负担。

3. 铁路运输的适用范围

铁路运输适于在内陆地区运送中长距离及运量大、时间性强、可靠性要求高的一般货物和特种货物。从投资效果看，在运输量比较大的地区之间建设铁路比较合理。

4. 中欧班列

中欧班列是指按照固定车次、线路等条件开行，往来于中国与欧洲各国的集装箱国际铁路联运班列。2011 年 3 月，首趟中欧班列从重庆发出，开往德国杜伊斯堡，开启了中欧班列创新发展的序章。到 2021 年，中欧班列开行 10 年，累计开行班列突破 4 万列，合计货值超过 2 000 亿美元，打通 73 条运行线路，通达欧洲 22 个国家的 160 多个城市。

7.2.4 航空运输

航空运输是指使用飞机或其他航空器进行货物运输的一种运输方式（如图 7–5 所示）。航空货运不仅提供专门用于货物运输的飞机，以及定期和不定期的货运航班，而且利用定期和不定期客运航班进行货物运输。

图 7–5 航空运输

1. 航空运输的优点

① 运行速度快，一般在 800～900 km/h，大大缩短了运输时间。

② 机动性能好，几乎可以飞越各种天然障碍，可以到达其他运输方式难以到达的地方。

2. 航空运输的缺点

航空运输存在飞机造价贵、能耗大、运输能力低、成本很高、技术复杂等缺点。

3. 航空运输的适用范围

航空运输适宜长距离和体积小、价值高的物资运输，以及鲜活产品及邮件等货物的运输。

4. 航空运输的常用方式

① *班机运输方式*。班机（scheduled flights）是指定期开航的定航线、定始发站、定目的港、定途经站的飞机。

② *包机运输方式*。包机运输（chartered carrier）可分为整架包机和部分包机两种。

③ *集中托运方式*。集中托运方式（consolidation transport）是指航空货运代理公司把若干批单独发运的货物组成一整批，向航空公司办理托运。

④ *联合运输方式*。联合运输方式是指采用包括空运在内的两种以上运输方式的联合运输。其具体的做法有陆空联运、陆空陆联运等。

⑤ *航空快件传送*。航空快件传送（air-express）是目前国际航空运输中最快捷的运输方式。其具体做法是派专人以最快的速度在货主、机场、用户之间运输和交接货物。航空快件传送业务主要有：机场到机场、门到门、派专人送货，即由速递公司专人随机送货。

7.2.5 管道运输

管道运输是指利用管道输送气体、液体和粉状固体的一种特殊的运输方式（如图 7–6 所示），它是随着石油和天然气产量的增加而发展起来的，目前已成为陆上油、气运输的主要方式。近年来，在利用管道输送粉状固体（如煤、精矿）方面也有很大的发展。

图 7–6 管道运输

1. 管道运输的优点

① 运输量大。国外一条直径 720 毫米的输煤管道，一年可输送煤炭 2 000 万吨，几乎相当于一条单线铁路单方向的输送能力。

② 运输工程量小，占地少。管道运输只需要铺设管线，修建泵站，土石方工程量比修建铁路小得多，而且在平原地区大多埋在地下，不占农田。

③ 能耗小，在各种运输方式中能耗是最低的。

④ 安全可靠，无污染，成本低。

⑤ 不受气候影响，可以全天候运输，送达货物的可靠性高。

⑥ 管道可以走捷径，运输距离短。

⑦ 可以实现封闭运输，损耗少。

2. 管道运输的缺点

① 专用性强，只能运输石油、天然气及固体料浆（如煤炭等），且需要有固定、可靠的市场支撑。

② 管道起输量与最高运输量间的差距小，因此，在油田开发初期，采用管道运输困难时，还要以公路、铁路、水路运输作为过渡。

3. 管道运输的种类

① *原油管道*。世界上的原油总运量中有 85%～95%是用管道外运的。我国原油管道始建于 1958 年，即原油在新疆克拉玛依油田开发后由克拉玛依油田运到独山子

炼油厂，全长 147.2 千米。

② 成品油管道。它可以运送一种油品，也可以运送多种油品，主要由炼油厂通往化工厂、电厂、化肥厂、商业成品油库及其他用户之间。

③ 天然气管道。它是输送气田天然气和油田伴生气的输气管道，由开采地或处理厂输送到城市配送中心，是陆地上大量运输天然气的唯一方式。俄罗斯“北溪-2”管道即属此类。

④ 煤浆和矿浆管道。它是将原煤或矿石粉碎后加水成浆状通过管道运输。世界上第一条煤浆管道于 1970 年在美国建成并投入使用。

作为一种新型的现代化运输方式，管道将逐步扩大其使用范围。在运输货种方面，将由现有的原油、成品油、天然气扩大到重油、二氧化碳气态、沙石等；由于各种性能的货种增加，相应的管道驱动方式也日趋多样，输送工艺会更加复杂。

7.2.6　多式联运

企业在实际运输工作中会频繁接触到多式联运。这需要我们对多式联运做一定了解。

1. 多式联运概述

多式联运就是指货物由一种运载单元装载，通过两种或两种以上运输方式连续运输，并进行相关运输物流辅助作业的运输活动。

2. 多式联运的优点

多式联运是一种比较高效的运输组织方式。它集中了各种运输方式的特点，扬长避短，组成连贯运输，达到简化货运环节、加速周转、减少货损、降低运输成本、实现合理运输的目的。相对于单一运输方式，多式联运特点明显，优点突出，具体如下：

1）提高运输组织水平

多式联运的出现实现了运输合理化，改善了不同运力方式的衔接协作，从而提高了运输的组织管理水平。

2）综合利用了各种运输方式

多式联运通过各种运输方式的合理搭配，充分发挥了各类运输工具的效能，提高了运输效率，减少了货物的库存时间和库存费用，降低了运输成本。

3）有效实现“门到门”运输

多式联运综合了各种运输方式的特点，组成了直达连贯运输，可以把货物从发货人的工厂或仓库，直接运到收货人的工厂或仓库，还可以运到收货人指定的任何地点。

4）降低运输成本，节约运杂费用

多式联运可以从多方面节约费用，降低成本。这对货主而言能取得优惠的运价，对承运人而言能获取较高的利润。

3. 多式联运形式

1）海陆联运

海运与其他运输方式，尤其是与铁路、公路的联运，在多式联运中占主导地位。

其中大陆桥运输、小陆桥运输及微桥运输等陆桥运输是典型的海陆联运。

2）海空联运

海空联运是海运与空运的联合运输方式。由于空运在运力、运输上有其特点，而且绝大多数飞机无法实现海空货箱互换，所以海空联运的货物大多需要在航空港换入航空集装箱。如何在中转时快速、安全地处理货物以及像直接空运那样按时抵达目的地，已成为海空联运的关键。正因为如此，海空联运以海运为主，在最终交货区段由空运承担，因而海空联运是以航空运输为核心的多式联运，通常由航空公司、航空运输转运人或者专门从事海空联运的代理人来制订计划，以便满足货主对海空联运货物抵达时间的要求与直接空运的一样，精准到日、时、分。

3）陆空联运

陆空联运，包括陆空联运和陆空陆联运，示例如图 7–7 所示。

图 7–7　陆空联运

任务 7.3　物流运输合理化

在运输过程中，企业都希望运输合理化，以获取最优经济效益。但在实际操作中，因为种种原因，往往很难完全合理化，这需要企业更好地组织运输，力求合理化。

7.3.1　合理化的运输

合理化的运输表现在以下几个方面。

1. 缩短运输距离

在运输时，运输时间、货损运费、车辆或船舶周转等运输的若干技术经济指标都与运距有一定比例关系。运距长短是运输是否合理的一个最基本的因素。缩短运

输距离，无论从宏观上还是微观上来讲都是有利的。

2. 减少运输环节

每增加一次运输，不仅会增加起运的运费和总运费，而且必然增加运输的附属活动，如装卸、包装等，各项技术经济指标也会因此下降。所以，减少运输环节，尤其是同类运输工具的运输环节，对合理运输有促进作用。

3. 选择运输工具

各种运输工具都有其适用的优势领域，对运输工具进行优化选择，按运输工具的特点进行装卸运输作业，最大限度地发挥所用运输工具的作用，是运输合理化的重要一环。

4. 减少运输时间

运输是物流过程中花费时间较多的环节，尤其是远程运输，在全部物流时间中，运输时间占绝大部分，所以减少运输时间对整个流通时间的缩短有决定性作用。此外，减少运输时间，有利于加速运输工具的周转，充分发挥运输能力，有利于货主资金的周转，有利于运输线路通过能力的提高，对运输合理化有很大的积极影响。

5. 降低运输费用

运输费用在全部物流费用中占有很大的比例，运输费用的高低在很大程度上决定着整个物流系统的竞争能力。实际上，运输费用的降低，无论对货主企业来讲，还是对物流经营企业来讲，都是运输合理化的一个重要目标。运输费用的高低，也是各种合理化措施是否行之有效的最终判断依据之一。

7.3.2 不合理的运输表现

不合理运输是指在未达到在现有条件下可以达到的运输水平，从而造成运力浪费、运输时间增加、运费超支等问题的运输形式。它主要有如图 7-8 所示的几种表现形式。

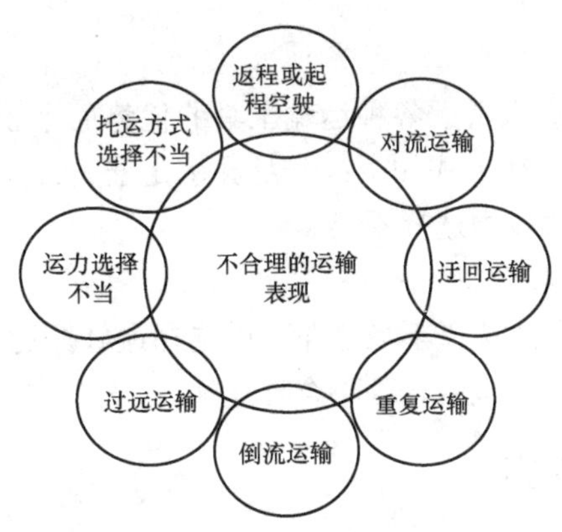

图 7-8 不合理的运输表现形式

1. 返程或起程空驶

空车行驶是不合理运输最严重的形式。在实际运输组织中，有时候必须调运空车，从管理上看这不能被看成不合理运输。但是，因调运不当、货源计划不周、不采用运输社会化而形成的空驶，则是不合理运输的表现。

2. 对流运输

对流运输亦称相向运输、交错运输，指同一种货物，或彼此间可以互相代用而又不影响管理、技术及效益的货物，在同一线路上或平行线路上进行相对方向的运送，而与对方远程的全部或一部分发生重叠交错的运输形式。对于已经制定合理流向图的产品，一般必须按合理流向的方向运输，如果与合理流向图指定的方向相反，也属于对流运输。

3. 迂回运输

迂回运输是一种舍近求远的运输，即本来可以选取短距离进行运输，却选择较远路线进行运输的不合理运输形式。

4. 重复运输

重复运输有两种形式：一是本来可以直接将货物运到目的地，但是在未达目的地之处或目的地之外的其他场所将货物卸下，再重新装运送达目的地；二是同品种货物在同一地点运进，同时又向外运出。重复运输的最大缺点是增加了不必要的中间环节，这就放慢了流通速度，增加了费用，增大了货损。

5. 倒流运输

倒流运输是指货物从销地或中转地向产地或起运地回流的一种运输现象。其不合理程度更甚于对流运输，原因在于：往返两程的运输都是不必要的，形成了双程的浪费。倒流运输也可以看成是隐蔽对流的一种特殊形式。

6. 过远运输

过远运输是指选择进货单位或调运物资时，可以采取近程运输而未选取，舍近求远而造成的拉长货物运距的浪费现象。过远运输占用运力时间长、运输工具周转慢、物资占压资金时间长。远距离地区间自然条件差异大，又易出现货损，从而增加费用支出。

7. 运力选择不当

运力选择不当是由于未考虑各种运输工具的优势而不正确地选用运输工具造成的不合理现象，其主要表现形式如下：一是弃水走陆；二是铁路、大型船舶的过近运输；三是运输工具承载能力选择不当。

8. 托运方式选择不当

对货主而言，托运方式选择不当是在可以选择最好托运方式的情况下而未选择，造成运力浪费及费用支出加大的一种不合理运输。

7.3.3 运输合理化的措施

1. 提高运输工具实载率

运输工具实载率有两个含义：一是单车实际载重量与运距之乘积和标定载重量与行驶里程之乘积的比率；二是作为车船的统计指标的含义，即一定时期内车船实际完成的物品周转量占车船标定载重量与行驶里程之乘积的百分比。提高运输工具

实载率是运输合理化的重要措施之一。

2. 减少能源投入

运输的投入主要是能耗和基础设施建设。在设施建设已定型或完成的情况下，尽量减少能源投入，是减少投入的核心，以实现运输合理化。

3. 发展社会化运输体系

实行社会化运输，可以统一安排运输工具，避免对流、倒流、空驶、运力不当等多种不合理形式，不仅有利于增加组织效益，而且有利于增加规模效益。所以，发展社会化运输体系是运输合理化非常重要的措施。

4. 开展中短距离铁路公路分流

在公路运输经济里程范围内，或者经过论证超出通常平均经济里程范围，尽量利用公路实行“以公代铁”运输，开展中短距离铁路公路分流，以实现运输合理化。

5. 尽量发展直达运输

直达运输是追求运输合理化的重要形式，它可以减少中转过载换装，从而提高运输速度，节省装卸费用，降低中转货损。直达运输的优势在一次运输批量和客户一次需求量达到一整车时表现最为突出。尽量发展直达运输，非常有利于运输合理化。

6. 配载运输

配载运输是充分利用运输工具载重量和容积，合理安排装载的物品及载运方法以求合理化的一种运输方式。配载运输也是提高运输工具实载率的一种有效形式。

7.“四就”直拨运输

“四就”指就厂、就站（码头）、就库、就车（船）将物品分送给客户，这对运输合理化非常有益。

8. 发展特殊运输技术和运输工具

依靠科技进步是实现运输合理化的重要途径。例如，专用散装及罐车解决了粉状物、液状物运输损耗大、安全性差等问题；“滚装船”解决了车载货的运输问题；集装箱船比一般船能容纳更多的箱体；集装箱高速直达车船加快了运输速度等。

9. 流通加工合理化

有不少产品，由于产品本身的形态及特性问题，很难实现运输合理化；如果对其进行适当加工，就能够有效解决合理化运输问题。例如，将轻泡产品预先捆紧包装成规定尺寸再装车，就能够提高装载量；水产品及肉类经过预先冷冻，就可提高车辆装载率并降低运输损耗。

课后任务

一、术语解释

无车承运人

甩挂运输

多式联运

带板运输

不合理运输

二、单选题

1. 以下属于运输的功能的是（　　）。

A. 产品转移　　B. 产品配送

C. 产品返厂　　D. 产品销毁

2. 在仓库空间有限的情况下，利用（　　）储存是一种可行的选择。

A. 运输车辆　　B. 临时仓库

C. 零售终端　　D. 生产企业

3. 按照（　　）不同来划分，运输可以分为铁路运输、公路运输、水路运输、航空运输和管道运输 5 种基本运输方式。

A. 运输工具　　B. 运输线路

C. 运输距离　　D. 运输规模

4. 下列运输方式中，成本最低的是（　　）。

A. 水路运输　　B. 航空运输

C. 铁路运输　　D. 公路运输

5. 公路运输的适用范围是（　　）。

A. 远距离、大批量　　B. 近距离、小批量

C. 远距离、小批量　　D. 近距离、大批量

6.（　　）是运输是否合理的一个最基本的因素。

A. 运输环节　　B. 运输工具

C. 运距长短　　D. 运输时间

7. 管道运输的优点是（　　）。

A. 能耗大，成本低　　B. 建设周期长，投资费用低

C. 安全可靠，无污染　　D. 专用性强

8.（　　）是一种舍近求远的运输，即可以选取短距离

进行运输，却选择较远路线进行运输的不合理运输形式。

A. 重复运输　　B. 迂回运输
C. 倒流运输　　D. 过远运输

9. (　　) 是一种较高效的运输组织方式。它集中了各种运输方式的特点，扬长避短，融合一体。

A. 多点联运　　B. 多式联运
C. 多方联运　　D. 多样联运

10. 海空联运是以 (　　) 为核心的多式联运。

A. 公路运输　　B. 铁路运输
C. 水路运输　　D. 航空运输

三、多选题

1. 运输产品的 (　　) 过程和 (　　) 过程是同时发生的，因而运输产品是一种特殊的产品。

A. 生产　B. 组装　C. 消费　D. 销售

2. "四就"指 (　　) 将物品分送给客户。

A. 就厂　　B. 就站（码头）
C. 就库　　D. 就车（船）

3. 下列属于多式联运形式的是 (　　)。

A. 海陆联运　　B. 海空联运
C. 陆空联运　　D. 陆陆联运

4. (　　) 等陆桥运输是典型的海陆联运。

A. 大桥运输　　B. 大陆桥运输
C. 小陆桥运输　　D. 微桥运输

5. 铁路运输适用于 (　　) 的一般货物和特种货物。

A. 在内陆地区运送中　　B. 长距离及运量大
C. 时间性强　　D. 可靠性要求高

6. 因 (　　) 而形成的空驶，则是不合理运输的表现。

A. 调运不当　　B. 货源计划不周
C. 不采用运输社会化　　D. 调运空车

7. 对流运输亦称 (　　)。

A. 并行运输　　B. 连续运输
C. 交错运输　　D. 相向运输

8. 海运与其他运输方式，尤其是与 (　　) 的联运，在多式联运中占主导地位。

A. 铁路　B. 航空　C. 公路　D. 管道

四、判断题

1. 多式联运采用两种不同运输方式进行联运。(　　)

2. 按照运输工具的不同，运输方式可以分为公路、铁路、

水路、航空和管道运输。（ ）

3. 公路运输具有长距离、大批量的客货运输特点。（ ）

4. 空车行驶是不合理运输最严重的形式。（ ）

5. 倒流运输是指货物从产地或起运地向销地或中转地回流的一种运输现象。（ ）

6. 海空货物的目的地是机场，货物运抵后是以航空货物处理的。（ ）

7. 同品种货物在不同地点运进，同时又向外运出，这是重复运输的一种形式。（ ）

8. 在五种运输方式中，铁路运输能力最大。（ ）

9. 运费的多少是各种合理化措施是否行之有效的最终判断依据之一。（ ）

10. 运输服务虽然也创造使用价值与价值，但不创造新的产品。（ ）

五、简答题

1. 请简述什么情况下需要发挥运输的产品储存功能。
2. 请简述物流运输的特点。
3. 请简述什么是不合理运输。
4. 请简述有哪些运输合理化的举措。
5. 请简述多式联运的优点。

评价与分析

以小组为单位，展示本组成果，根据以下评分标准进行评分。

评　分　表

<table>
<tr><td>班级</td><td></td><td>姓名</td><td></td><td>学号</td><td></td><td>日期</td><td></td></tr>
<tr><td rowspan="2">序号</td><td rowspan="2">评价内容</td><td rowspan="2" colspan="2">评价标准</td><td rowspan="2">分值</td><td colspan="3">评分</td></tr>
<tr><td>自我评价（20%）</td><td>组间评价（30%）</td><td>教师评价（50%）</td></tr>
<tr><td>1</td><td>自我学习能力</td><td colspan="2">1. 能进行时间管理。
2. 能选择适合自己的学习和工作方式。
3. 能随时修订计划并进行意外处理。
4. 能将已经学到的东西用于新的工作任务</td><td>10</td><td></td><td></td><td></td></tr>
<tr><td>2</td><td>信息收集能力</td><td colspan="2">1. 能根据不同需要去搜寻、获取并选择物流信息。
2. 能筛选物流信息，并进行物流信息分类。
3. 能使用多媒体等手段来展示信息</td><td>10</td><td></td><td></td><td></td></tr>
<tr><td>3</td><td>市场洞察能力</td><td colspan="2">1. 能从市场获取相关物流信息。
2. 能依据收集的信息，做简单的市场分析。
3. 能根据物流理论对市场信息进行分析</td><td>10</td><td></td><td></td><td></td></tr>
<tr><td>4</td><td>与人交流能力</td><td colspan="2">1. 能把握交流的主题、时机和方式。
2. 能理解对方谈话的内容，准确地表达自己的观点。
3. 能获取信息并反馈信息</td><td>10</td><td></td><td></td><td></td></tr>
<tr><td>5</td><td>与人合作能力</td><td colspan="2">1. 能挖掘合作资源，明确自己在合作中的作用。
2. 能同合作者进行有效沟通，理解个性差异及文化差异</td><td>10</td><td></td><td></td><td></td></tr>
<tr><td>6</td><td>解决问题能力</td><td colspan="2">1. 能说明何时出现问题并指出其主要特征。
2. 能制订解决问题的计划并组织实施。
3. 能对解决问题的方法适时地做出总结和修改</td><td>10</td><td></td><td></td><td></td></tr>
</table>

续表

序号	评价内容	评价标准	分值	评分		
				自我评价（20%）	组间评价（30%）	教师评价（50%）
7	革新创新能力	1. 能发现事物的不足并提出改进措施。 2. 能创新性地提出改进意见和具体的改进方法。 3. 能从多种方案中选择最佳方案，在现有条件下进行实施	10			
8	物流运输知识掌握程度	1. 物流运输的定义。 2. 物流运输的功能。 3. 物流运输的特点	10			
9	运输方式掌握程度	1. 五种运输方式的优缺点。 2. 多式联运的特点	10			
10	物流运输合理化知识掌握程度	1. 不合理的运输表现。 2. 运输合理化的措施	10			
总分			100			
评价						

单元评估

职业核心能力测评表

（在□中打√，A通过，B基本通过，C未通过）

职业核心能力	评估标准	自测结果
自我学习能力	1. 能进行时间管理。	□A □B □C
	2. 能选择适合自己的学习和工作方式。	□A □B □C
	3. 能根据进展修订计划并进行意外处理。	□A □B □C
	4. 能将已经学到的东西用于新的工作任务	□A □B □C
信息收集能力	1. 能根据不同需要去搜寻、获取并选择物流信息。	□A □B □C
	2. 能筛选物流信息，并进行物流信息分类。	□A □B □C
	3. 能使用多媒体等手段来展示信息	□A □B □C
市场洞察能力	1. 能从市场获取相关物流信息。	□A □B □C
	2. 能依据收集的信息，做简单的市场分析。	□A □B □C
	3. 能根据物流理论对市场信息进行分析	□A □B □C
与人交流能力	1. 能把握交流的主题、时机和方式。	□A □B □C
	2. 能理解对方谈话的内容，准确地表达自己的观点。	□A □B □C
	3. 能获取信息并反馈信息	□A □B □C
与人合作能力	1. 能挖掘合作资源，明确自己在合作中的作用。	□A □B □C
	2. 能同合作者进行有效沟通，理解个性差异及文化差异	□A □B □C
解决问题能力	1. 能说明何时出现问题并指出其主要特征。	□A □B □C
	2. 能制订解决问题的计划并组织实施。	□A □B □C
	3. 能对解决问题的方法适时地做出总结和修改	□A □B □C
革新创新能力	1. 能发现事物的不足并提出改进措施。	□A □B □C
	2. 能创新性地提出改进意见和具体的改进方法。	□A □B □C
	3. 能从多种方案中选择最佳方案，在现有条件下进行实施	□A □B □C
学生签字：	教师签字：	20 年 月 日

专业能力测评表

（在□中打√，A 掌握，B 基本掌握，C 未掌握）

专业能力	评价指标	自测结果	备注
物流运输基础概念	1. 物流运输的定义。 2. 运输的功能。 3. 运输的特点	□A □B □C □A □B □C □A □B □C	
运输方式	1. 五种物流运输方式的优缺点。 2. 多式联运的特点	□A □B □C □A □B □C	
物流运输合理化	1. 不合理的运输表现。 2. 运输合理化的措施	□A □B □C □A □B □C	
其他	1. 西部陆海新通道。 2. 中欧班列	□A □B □C □A □B □C	
教师评语：			
成绩		教师签字	

项目 8

处理物流信息

项目导学

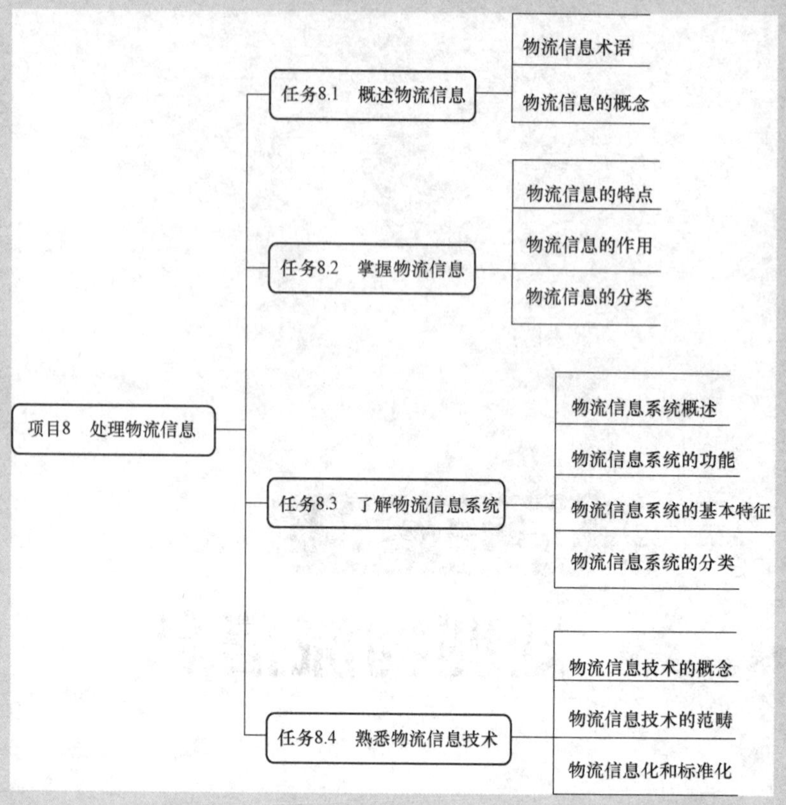

知识目标

1. 掌握物流信息术语。
2. 掌握物流信息的分类方法。
3. 了解物流信息的特点和分类。
4. 了解物流信息系统的功能。

技能目标

1. 能够区分物流信息系统的类型。
2. 能够分析物流信息技术在物流各环节的应用。

学习笔记

引导案例

精度亚米级！北斗走进“雪如意”

当你走进一座陌生的体育馆，一边问路一边寻找目的地时；当你第一次来到一家商场，对照指示标志却找不到跟朋友约好的见面位置时，你是否想过：“如果室内也能用导航就好了！”这样的场景，在 2022 年北京冬奥会场馆“雪如意”中成为现实。

“我们承担的‘北京冬奥会北斗微基站室内混合定位系统关键技术研发及应用’项目是河北省科技厅主管的科技冬奥专项课题，能够在奥运赛事期间为‘雪如意’冬奥场馆工作人员和移动车辆提供室内外无缝连续的亚米级高精度实时定位和位置服务。”中国电科 54 所卫星导航北斗微基站是我国自主研制的首款小型化、低成本室内高精度定位基站。亚米级精度是什么概念？“也就是说，测量精度可以精确到分米、厘米甚至是毫米。”该项目负责人蔚保国表示，项目首次打通了室内室外的北斗卫星导航连续覆盖定位，针对不同室内环境建筑结构特点实现了全场馆可达区域内无死角快速定位。在人员密集的室内开阔区域可实现静态定位优于 0.1 米、动态定位优于 0.5 米的高精度定位，在室内外交替区域能够实现室内北斗微基站信号与室外空间北斗信号的自适应无缝接收切换，室内外连续定位精度优于 1 米，解决了大规模大范围室内外高精度无缝定位技术国际难题。如此高精度的定位是怎样实现的？“这就是我们精准定位的关键。”蔚保国指着一个不足手掌大小的白色方形小盒子说：“这是可穿戴设备——时空盒，可以挂在手臂、肩部，或者放在衣服口袋中。”这个小巧的一体化终端能够兼容室内北斗微

学习笔记

基站和室外北斗卫星信号，从而实现室内外高精度无缝切换。

时空盒可以独立使用，也可以与智能手机通过无线方式绑定使用，将自己的实时位置信息在地图上显示给其他用户。同时，用户携带时空盒获得的实时位置信息也可以通过时空盒的4G/5G 模块传递给位于远程机房的位置服务云平台，让北斗微基站除了有精准定位的“好视力”，还有了聪明的“大脑”。

时空盒收集到的大量实时位置信息汇聚到应用平台后，可以提供三维全场景室内外人员及车辆态势监控、指挥调度等服务，实现室内外地图位置展示和实时定位数据交互。

也因而安防配送一体化机器人得以准确完成自主导航巡检和配送任务。技术人员可以远程控制机器人并实时获取机器人位置，进行图片抓取、存储、回放和编辑，遥控机器人完成物品配送，指令机器人 24 小时在馆内巡检，对烟火等异常情况及时告警。

“自主巡检配送一体化机器人搭载首创的北斗时空盒，相比国内外同类产品，首次具备室内外无缝连续导航定位能力。为了适应北京冬奥会的实际需求，时空盒易穿戴、功耗低，在–40℃条件下仍能够正常工作。”蔚保国说。

除此之外，北斗微基站项目精准的定位能力还能在疫情防控中大显身手。“在大型场馆疫情防控中，系统能够提供精查、直显、细导服务。”蔚保国表示，精查，即系统可以提供精准条件筛查，包括人、接触时段、密接等级、距离阈值等；直显，即直观显示密接人员图像、密接风险、首次接触时间等；细导，

指系统可以将密接查询详细结果导出，供流调使用。

据介绍，该项目成果是国际上首次在大型体育场馆大规模实现室内外亚米级连续定位，也是北斗进入室内的重大突破。业内人士认为，该项目在国内首次将北斗导航信号引入室内、地下遮挡区域，填补了我国室内外无缝连续定位的空白，对于国家北斗全域位置服务覆盖与国家位置信息安全具有十分重要的意义，未来应用前景广阔。

（资料来源：新闻中心. 精度亚米级！北斗走进“雪如意”[N/OL].（2022–01–31）. http://www.cetc.com.cn/zgdk/1592571/1593500/1711807/index.html.

思考：你了解北斗吗？尝试课后在北斗官网搜索 BDS 在现在物流业中有哪些成熟的应用。

请在此处写下你的分析

学习笔记

任务 8.1　概述物流信息

8.1.1　物流信息术语

《物流术语》(GB/T 18354—2021)将物流信息(logistics information)定义为：反映物流各种活动内容的知识、资料、图像、数据的总称。物流信息在现代物流管理过程中是必不可少的，物流信息包括物流活动中各个环节生成的信息，一般是随着从生产到消费的物流活动的产生而产生的信息流，与物流过程中的运输、保管、装卸、包装、配送等各种职能有机结合在一起。物流信息的相关术语也很多，以下有关物流信息的术语定义皆来源于《物流术语》(GB/T 18354—2021)。

① 物流信息技术(logistics information technology)。以计算机和现代通信技术为主要手段实现对物流各环节中信息的获取、处理、传递和利用等功能的技术总称。

② 物流管理信息系统(logistics management information system)。通过对物流相关信息的收集、存储、加工、处理以便实现物流的有效控制和管理，并提供决策支持的人机系统。

③ 自动识别技术(automatic identification technology)。对字符、影像、条码、声音等记录数据的载体进行机器自动辨识并转化为数据的技术。

④ 条码(bar code)。由一组规则排列的条、空组成的符号，可供机器识读，用以表示一定的信息，包括一维条码和二维条码。

⑤ 射频识别(radio frequency identification，RFID)。在频谱的射频部分，利用电磁耦合或感应耦合，通过各种调式和编码方案，与射频标签交互通信唯一读取射频标签身份的技术。

⑥ 电子数据交换(electronic data interchange，EDI)。采用标准化的格式，利用计算机网络进行业务数据的传输和处理。

⑦ 物品编码(article numbering，article number)。按一定规则赋予物品易于机器和人识别、处理的代码，是给物品赋予编码的过程。注意，物品编码包括物品标识编码、物品分类编码和物品属性编码三种类型。

⑧ 物流标签(logistics label)。记录包装单元相关信息的载体。

⑨ 电子运单(electronic waybill)。物流过程中，将物品原始收发等信息按一定格式存储在计算机信息系统中的单据。

⑩ 物流系统仿真(logistics system simulation)。借助计算机仿真技术，对物流系统建模并进行实验，得到各种动态活动过程的模拟记录，进而研究物流系统性能的方法。

⑪ 运输管理系统(transportation management system，TMS)。在运输作业过程中，进行配载作业、调度分配、线路规划、行车管理等多项任务管理的系统。

⑫ 智能运输系统(intelligent transport system，ITS)。在较完善的交通基础设施上，将先进的科学技术(信息技术、计算机技术、数据通信技术、传感器技术、电

子控制技术、自动控制理论、运筹学、人工智能等）有效地综合运用于交通运输、服务控制和车辆制造，加强车辆、道路、使用者三者之间的联系，从而形成的一种保障安全、提高效率、改善环境、节约能源的综合运输系统。

⑬ *货物跟踪系统*（goods tracking system）。利用自动识别、全球定位系统、地理信息系统、通信等技术，获取货物动态信息的应用系统。

⑭ *仓库管理系统*（warehouse management system，WMS）。对物品入库、出库、盘点及其他相关仓库作业，仓储设施与设备、库区库位等实施全面管理的计算机信息系统。

⑮ *销售时点系统*（point of sale，POS）。利用自动识别设备，按照商品最小销售单位读取实时销售信息，以及采购、配送等环节发生的信息，并对这些信息进行加工、处理和共享的系统。

⑯ *电子订货系统*（electronic ordering system，EOS）。不同组织间利用通信网络和终端设备进行订货作业与订货信息交换的系统。

⑰ *自动存取系统*（automatic storage and retrieval system，AS/RS）。借助机械设施与计算机管理控制系统实现物料存入或取出的系统。

⑱ *物流公共信息平台*（public logistics information platform）。应用信息技术，统筹和整合物流行业相关信息资源，并向社会主体提供物流信息、技术、设备等资源共享服务的系统。

8.1.2 物流信息的概念

现代物流的重要特征是物流的信息化，现代物流也可以看作是物资实体流通与信息流通的结合。在现代物流运作过程中，通过使用计算机技术、通信技术、网络技术等技术手段，大大加快了物流信息的处理和传递速度，从而使物流活动的效率和快速反应能力得到提高。物流信息可以分为狭义物流信息和广义物流信息两种。

① *狭义物流信息*。是指与物流活动（如运输、保管、包装、装卸、搬运、流通加工、配送等）有关的信息；它是伴随物流活动而发生的。在物流活动的管理与决策中，如运输工具的选择、运输路线的确定、运送批量的确定、在途货物的追踪、仓库的有效利用、最佳库存数量的确定、库存时间的确定、订单管理、顾客服务等，都需要详细和准确的物流信息，因为物流信息对运输管理、库存管理、订单管理、仓库管理等物流活动具有支持、保证的功能。

② *广义物流信息*。是指既包含有狭义物流信息，还包含与其他流通活动有关的信息，如商品交易信息、供货商信息、顾客信息、订货合同信息、交通运输信息、政策信息和市场信息等，还有来自企业内生产、财务等部门的与物流有关的信息。其中，商品交易信息是指与买卖双方交易过程有关的信息，如销售和购买信息、订货和接受订货信息、发出货款和收到货款信息等；市场信息是指与市场活动有关的信息，如消费者的需求信息、竞争对手或竞争性商品的信息、促销信息、交通通信等基础设施信息等。

在现代经营管理活动中，物流信息与商品交易信息、市场信息相互交叉、融合，密切联系，如图 8–1 所示。

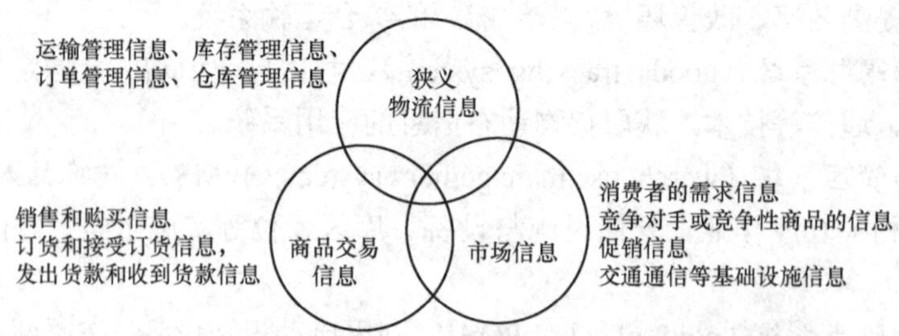

图 8–1 狭义物流信息与商品交易信息、市场信息间的关系

广义的物流信息有连接整合从生产厂家、批发商和零售商最后到消费者的整个供应链的作用，在应用现代信息技术（EDI、EOS、POS、Internet、电子商务、区块链等）基础上实现整个供应链活动的效率化，利用物流信息对供应链各个企业的计划、组织、指挥、协调、控制和顾客服务活动进行更有效的管理。广义物流信息涉及的环节如图 8–2 所示。

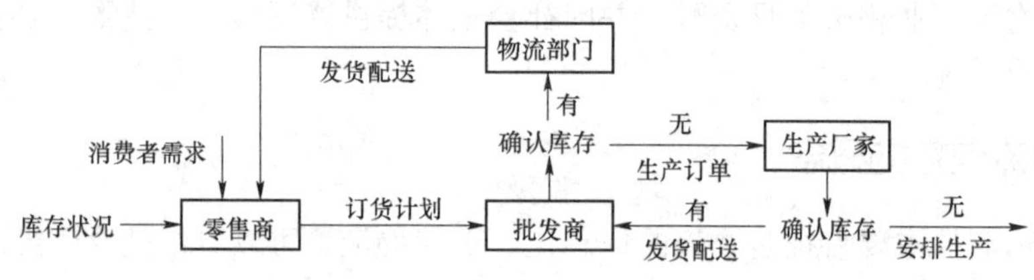

图 8–2 广义物流信息涉及的环节

商流、物流、信息流与资金流常常称为流通过程的“四流”。这“四流”之间关系密切，失去其中的任何一流，其他“三流”都不会长久存在下去。因此，现代物流如何实现“四流合一”，既是管理问题，又是技术问题；而区块链技术的出现，则较好地解决了这个难题。

从供应链企业内部的视角来看，生产数据造假、设备数据孤岛、一线员工工作单调重复、机构臃肿、沟通成本高、信息传递效率低等问题日益凸显。

从供应链上下游的视角来看，供应链全网数据难以获取，存在信息孤岛，商流、物流、信息流、资金流“四流合一”是难以解决的顽疾，将导致企业协同交互成本高，多方协同难以实现，供应链数据真实性难以保证，最终导致企业信用体系缺失，中小企业融资难。

区块链技术的出现为解决上述问题提供了出路。由于区块链技术具有分布式共享账本、公开透明、防篡改、可追溯等技术特性，可通过协同供应链中的各方构建一个既公开透明又充分保护各方隐私的开放式区块链网络，打造现代化的供应链体系，真正实现供应链体系商流、信息流、资金流、物流的“四流合一”，从而解决供应链中信息不对称和信息被造假的问题。

任务 8.2　掌握物流信息

8.2.1　物流信息的特点

1. 信息量大

物流信息随着物流活动以及商品交易活动的展开而大量产生，多品种少批量生产和多频次小数量配送使储存、运输、配送等物流活动的信息大量增加。

2. 更新快

多品种少批量生产、多频次小数量配送、利用 POS 系统的及时销售使得各种作业活动频繁发生，从而要求物流信息不断更新，而且更新的速度越来越快。

3. 来源多样化

物流信息不仅包括企业内部的物流信息（如车辆信息、库存信息等），而且包括企业间的物流信息和与物流活动有关的基础设施的信息。

4. 趋于标准化

现在，企业间的物流信息一般采用 EDI 标准，企业内部的物流信息也拥有各自的数据标准。随着 XML 技术的成熟，企业物流信息系统内、外部的信息标准可以统一起来，从而简化了系统的开发，功能也更强大。

8.2.2　物流信息的作用

物流信息是物流作业的灵魂。没有物流信息，物流活动就无法开展。物流信息对物流活动具有支持、保障作用，还具有连接整合物流系统活动并使其效率化的作用。由于物流信息在物流活动中的地位及作用，使得物流信息系统在现代企业经营战略中的位置越来越重要。建立物流管理信息系统，提供准确、迅速、及时、全面的物流信息，是现代企业获得竞争优势的必要条件。物流信息的作用主要表现在以下三个方面：

① *物流信息有助于物流业务运作各环节之间的相互衔接。*物流系统是一个系统工程，集采购、运输、储存及销售等物流活动于一体，它们相互作用，形成一个有机的整体。物流系统内部各子系统之间是通过信息来沟通的，系统基本资源调度也是通过信息传递来实现的。通过物流信息的指引，保证物流活动的正常运转。物流系统不是各个独立活动的简单组合，而是通过物流信息使各物流活动进行有机联系和密切融合。

② *物流信息有助于企业对物流活动各环节进行有效的计划、组织、协调和控制，以达到整体优化的目标。*物流活动的合理组织，需要依靠物流系统中物流信息的流通，只有通过有效的信息传递和反馈才能实现整个系统的合理、高效。在整个物流活动过程中，每一个活动环节都会产生大量的物流信息，通过合理应用现代的物流信息技术，对这些信息进行收集和分析，得到每个环节下一步活动的指示性信息，从而对各个环节的活动进行调控。

③ 物流信息有助于物流管理和决策水平的提高。物流系统产生的效益来源于整体物流服务水平的提高和物流成本的下降，物流服务水平的提高与物流信息的畅通在物流过程中是密不可分的。物流管理是通过加强各项物流活动之间的信息交流与协调，使其中的物流和资金流保持畅通，实现供需平衡，提高经济效益。

运用科学的分析工具，对物流活动所产生的各类信息进行科学分析，可以获得更多富有价值的信息。通过物流各子系统之间的信息共享，可以有效地缩短订货提前期，降低库存，提高运输效率，减少传递时间，提高订货和发货精度，及时高效地响应顾客提出的各种问题，极大地提高顾客的满意度和企业形象，增强企业的竞争力。

8.2.3 物流信息的分类

中华人民共和国国家标准《物流信息分类与代码》（GB/T 23831—2009）把物流信息按业务所反映的属性分为 6 个大类：物流综合管理信息、物流业务信息、物流作业信息、物流设施设备信息、物流技术信息和物流安全信息，如图 8–3 所示。物流信息的分类遵循以下原则：

大类　中类　小类　细类

物流信息分类
- 物流综合管理信息
  - 1. 物流组织机构信息
  - 2. 物流信息系统开发与应用信息
  - ⋮
  - 9. 其他物流综合管理信息
- 物流业务信息
  - 1. 物品信息
  - 2. 运输业务信息
  - ⋮
  - 10. 其他物流业务信息
- 物流作业信息
  - 1. 物流作业基本信息
  - 2. 道路运输作业信息
  - ⋮
  - 12. 其他物流作业信息
- 物流设施设备信息
  - 1. 物流设施设备基本信息
  - 2. 道路运输设施设备信息
  - ⋮
  - 13. 其他物流设施设备信息
- 物流技术信息
  - 1. 运输技术信息
  - 2. 仓储与保管技术信息
  - ⋮
  - 8. 其他物流技术信息
- 物流安全信息
  - 1. 物流安全基本信息
  - 2. 物流作业安全信息
  - ⋮
  - 6. 其他物流安全信息

图 8–3　物流信息分类

① 科学性。选择物流信息最稳定的本质属性或特征作为分类的基础和依据。

② 系统性。将选定的物流信息的属性或特征按一定的顺序予以系统化，形成一个科学合理的分类体系。

③ 可扩延性。设置收容类目，并且在建立物流信息分类体系和代码编码中充分考虑今后的信息分类与代码的扩充、延拓和细化。

④ 兼容性。与相关标准的相关内容相兼容。

⑤ 实用性。物流信息分类与代码适应物流信息管理与应用的实际需求。

现代物流中的信息流是指信息供给方与需求方进行信息交换和交流而产生的信息流动，也即品种、数量、时间、空间等各种信息在同一个物流系统内不同的物流环节之间的流动。物流系统中的信息种类多、跨地域、涉及面广、动态性强，尤其是运作过程中受自然、社会的影响很大，而物流信息是物流系统的基础，因此在开发物流信息系统时，必须对物流信息分类有一个清晰的了解。物流信息的多样性，也决定着物流信息的分类方法的多样性，常见物流信息分类方法有以下 4 种。

1. 按功能分类

按信息产生和作用所涉及的不同功能领域分类，物流信息包括仓储信息、运输信息、搬运信息、包装信息、装卸信息等。对于某个功能领域还可以进行进一步细化，例如仓储信息分成入库信息、出库信息、库存信息、搬运信息等。

2. 按作用层次分类

根据信息作用的层次分类，物流信息可分为基础信息、作业信息、协调控制信息和决策支持信息。

① 基础信息是物流活动的基础，是最初的信息源，如物品基本信息、货位基本信息等。

② 作业信息是物流作业过程中发生的信息，信息的波动性大，具有动态性，如库存信息、到货信息等。

③ 协调控制信息主要是指物流活动的调度信息和计划信息。

④ 决策支持信息是指能对物流计划、决策、战略产生影响或与其有关的统计信息、宏观信息，如科技、产品、法律等方面的信息。

3. 按加工程度分类

按加工程度分类，物流信息可以分为原始信息和加工信息。

① 原始信息是指未加工的信息，是信息工作的基础，也是最有权威性的凭证性信息。

② 加工信息是对原始信息进行各种方式和各个层次处理后的信息，这种信息是原始信息的提炼、简化和综合，可通过各种分析工作在海量数据中发现潜在的、有用的信息和知识。

4. 按稳定程度分类

按信息的稳定程度分类，物流信息分为静态信息和动态信息，例如国家的政策法规、物流运送周期、供应商信息等是静态信息，国际国内市场物流报价信息、物资配送信息、销售情况等为动态信息。一般情况下，企业外部信息的稳定程度较低。

静态信息是相对的，随着企业生产经营的变化、管理水平和职工技能的提高、技术的进步等，其特性也会发生变化，只是其更新频率较低而已。例如企业要定期地修改物流运送周期、增加供应商信息等。静态信息的数据处理关键是信息的利用，动态信息的处理关键是信息的搜集、存储、加工等。

任务 8.3　了解物流信息系统

8.3.1　物流信息系统概述

信息系统是指信息在其中流通的系统，也就是信息被输入、被处理，而最后被输送出来的系统，系统内部的反馈也是借助于信息完成的。还有一种定义，认为信息系统就是生产并向系统使用者提供的有用信息，以使其作出决策的各种单元结合而成的整体。

所谓物流信息系统，实际上是物流管理软件和信息网络结合的产物，小到一个具体的物流管理软件，大到利用覆盖全球的因特网，将所有相关的合作伙伴、供应链成员连接在一起，提供物流信息服务的系统，都可以称作物流信息系统。对一个企业而言，物流信息系统不是独立存在的，而是企业信息系统的一部分，或者说是其中的子系统，即使对专门从事物流服务的企业也是如此。例如，对于企业的 ERP 系统而言，物流信息系统就是其中的一个子系统。物流管理信息系统也称物流信息系统。

8.3.2　物流信息系统的功能

1. 数据收集

物流数据收集首先是将数据通过收集子系统从系统内部或者外部收集到预处理系统中，并整理成系统要求的格式和形式，然后再通过子系统输入物流信息系统。因此，在衡量物流信息系统的性能时，应注意它收集数据的完善性、准确性，以及它的校验能力、预防能力和抵抗破坏的能力等。

2. 信息存储

物流信息系统的存储功能就是要保证已得到的物流信息不丢失、不走样、不外泄，且整理得当，随时可用。无论何种物流信息系统，在涉及信息的存储问题时，都要考虑存储量、信息格式、存储方式、使用方式、存储时间、安全保密等问题。

3. 信息传输

在物流系统中，物流信息一定要准确、及时地传输到各个职能环节，否则信息就会失去其使用价值。物流信息系统在实际运行前，必须要充分考虑所要传输的信息种类、数量、频率、可靠性要求等因素。只有这些因素符合物流系统的实际需要，物流信息系统才有实际使用价值。

4. 信息处理

物流信息系统最根本的目的就是要将输入的数据加工处理成物流系统所需要的物流信息。数据和信息不同：数据是得到信息的基础，但数据往往不能直接利用，而信息是从数据加工中得到的，可以直接利用。只有得到了具有实际使用价值的物流信息，物流信息系统的功能才能得到发挥。

5. 信息输出

信息输出是物流信息系统的最后一项功能，只有在实现了这个功能后，物流信息系统的任务才算完成。信息的输出必须采用便于人或计算机理解的形式，在输出形式上力求易读易懂、直观醒目。

8.3.3 物流信息系统的基本特征

1. 可得性

物流信息系统必须具有容易而又始终如一的可得性，即在需要的时候能方便、及时地获得有关信息和数据，并且以数字化的形式获得。迅速的可得性对于客户的响应以及改进管理决策是至关重要的。可得性的另一方面是存取所需信息的能力，物流作业的分散化要求对信息具有较强的存取能力，并且能在国内甚至世界范围内的任何地方便捷地对数据进行更新，这样的信息可得性可以减少作业和制订计划上的不确定性。

2. 精确性

物流信息系统必须精确地反映当前物流服务状况和定期活动状态，以衡量订货和存货的水平。精确性可以解释为物流系统的报告与实际状况之间的差异程度。为保证数据的精确性，系统应在每个模块中设置检测小模块，对输入的数据进行检测，以把一些无效的数据排斥在外。正如信息可得性一样，增加信息的精确性就可以减少其不确定性，进而减少为安全存货而增加的需求量。

3. 及时性

物流信息系统的及时性要求应能对用户、客户的在线查询、修改、输入等操作做出快速和及时的反应。物流信息系统是物流企业的数字神经系统，系统的每一个神经元都渗入到供应链的末梢，每一个末梢受到的刺激都应引起系统的及时反应。系统反映的数据应是及时的，可随着物流的变化而变化，能及时地反映物流的各种状况，支持客户公司员工等用户的在线动态查询。这就要求公司内部与外部数据的通信及时、顺畅。

4. 灵活性

物流信息系统必须具有灵活的反应能力，以满足系统用户和顾客两方面的需求。物流信息系统必须有能力提供满足特定客户需求的数据。另外，现在整个社会经济发展非常快，企业的管理及业务的变化也很快，这就要求系统具有随着企业的变革而变革的灵活性。

5. 操作友好

物流信息系统提供的报告界面应该友好和规范，以适当的形式对物流信息进行表述，建立规范的物流信息表达结构，方便客户查询、阅读、打印和存档。

6. 支持远程处理

物流过程往往涉及不同的部门并跨越不同的地区。在物联网时代，企业间、企业同客户间的物理距离都将变成“鼠标距离”。物流信息系统应支持物流远程的业务查询、输入、人机对话等事务处理。

8.3.4 物流信息系统的分类

1. 仓库管理系统

1）仓库管理系统概述

仓库管理系统是一个实时的计算机软件系统，它能够按照仓储运作的业务流程、既定的规则和运算法则，对物流信息、各种资源、存货和分销运作进行更完美的管理，使其最大化地满足有效产出和精确性的要求。仓库管理系统将关注的焦点集中于对仓储执行的优化和有效管理，同时延伸到运输配送计划，以及与上下游供应商、客户的信息交互，从而有效提高仓储企业管理水平，提高配送中心和生产企业仓库的执行效率和生产率，降低成本，提高企业客户的满意度，从而提升企业的核心竞争力。仓库管理系统的流程如图 8-4 所示。

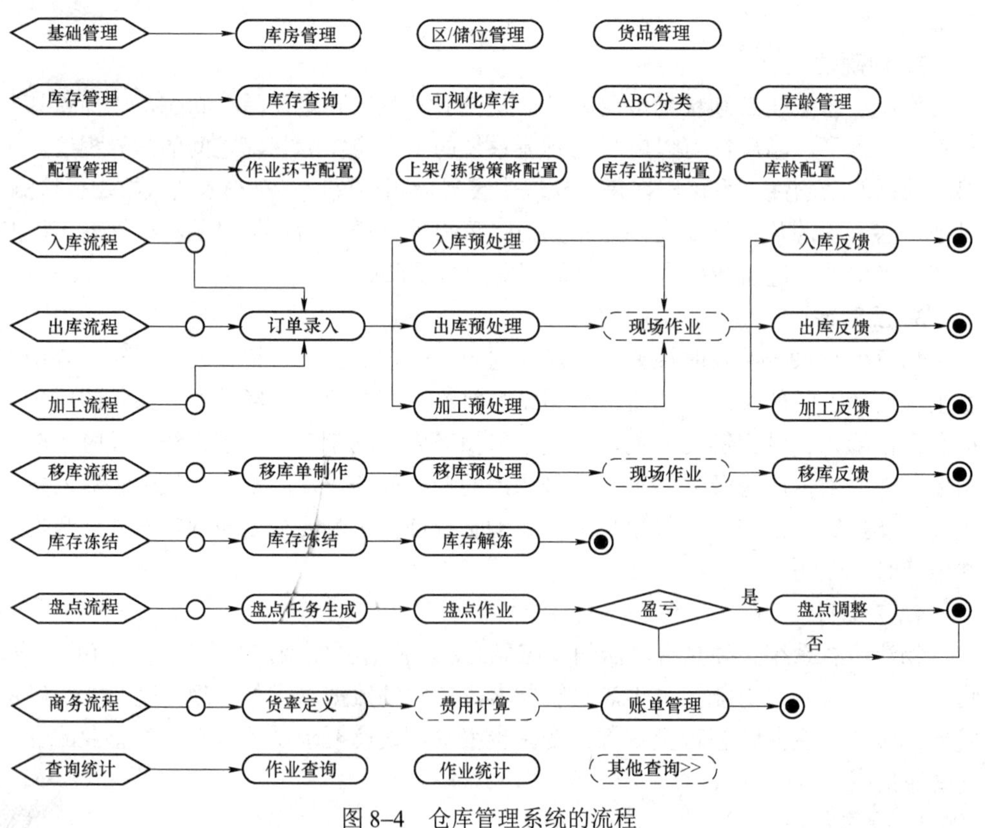

图 8-4　仓库管理系统的流程

2）仓库管理系统的主要功能模块

① 预测模块。销售预测模块主要是通过获取相关的数据和资料，比如订单、历史数据等，通过对产品和数据的分析，选出合适的预测方法；然后，通过一些外在因素如价格的变化、市场的环境、竞争者的情况等对数据做相应的修正；最后，确定最终的预测数据。预测信息可以给仓储水平的控制提供依据，在保证商品不脱销的情况下尽可能地降低库存量。

② 库位的设定模块。库位也叫储位，是根据仓库的实际情况，由计算机自动生成三维立体仓库模型，提供可视化操作。通过这一模块，系统可以自动实现仓库三维立体图与二维平面图的自由切换，并可以在模拟位置上查询相应的仓储物品及物品的状态等属性。

③ 安全库存模块。对仓库的最大库存量进行设置，以确保仓库最大化地满足客户要求的最低存量，既满足客户的生产需要，又减少资金的积压。

④ 入库管理模块。根据入库申请单对入库信息进行预录入，经过审核确认后进行库位的分配，从而完成实际入库操作。可以通过条码或 RFID 技术完成入库操作，并根据客户、物品自动进行库位安排；还可以根据客户、物品的型号规格进行同类物品的自动归类，增加对入库操作的审核，确保数据准确，并可以随时统计任意时段、任何客户的入库情况。

⑤ 出库管理模块。根据客户的实际需要和客户的实际仓储情况，提前做好出库准备；一旦确定出库，便以最快的速度完成出库，并对出库申请进行审核，保证出库物品正确，同时对客户的仓储物品的最低仓储进行动态评估；根据出库申请单位、物品等属性快速定位物品，并对出库进行登记、审核，对出库和实际出库等过程进行控制，动态管理仓储量。

⑥ 移库模块。对仓储物品的存放合理地进行人工调整，使仓库利用率最大化，节约库存成本，降低客户资金压力，满足客户实际需求。同时，通过快速实现库位调整，对物品移动的轨迹进行跟踪，提高物流企业的竞争力。

⑦ 费用结算模块。对发生的实际费用如仓储保管费，对客户进行费用结算，一旦费用经过客户确认后，不可以再修改和删除，以确保整个资金流的安全。

⑧ 统计分析模块。实现对入库和出库的数据统计，并可以随时掌握目前的仓储动态。同时，它可以实现对客户的评测，并对操作人员的工作成绩进行考评。企业可以根据入库和出库的数量和频繁程度，实现对重点客户的追踪，以及对业务增长型的客户进行挖掘。

2. 运输管理系统

1）运输管理系统概述

运输管理系统主要完成对运输工具和运送过程的信息管理，可提高物流运输的服务水平。运输管理系统对所有的运输工具，包括自有车辆、协作车辆及临时的车辆实行实时的调度管理，提供对货物的分析、配载的计算，以及最佳运输路线的选择。通过实现车辆运行监控、车辆调度、成本控制和单车核算，可在网上提供车辆及货物的跟踪查询服务。运输管理系统的流程如图 8–5 所示。

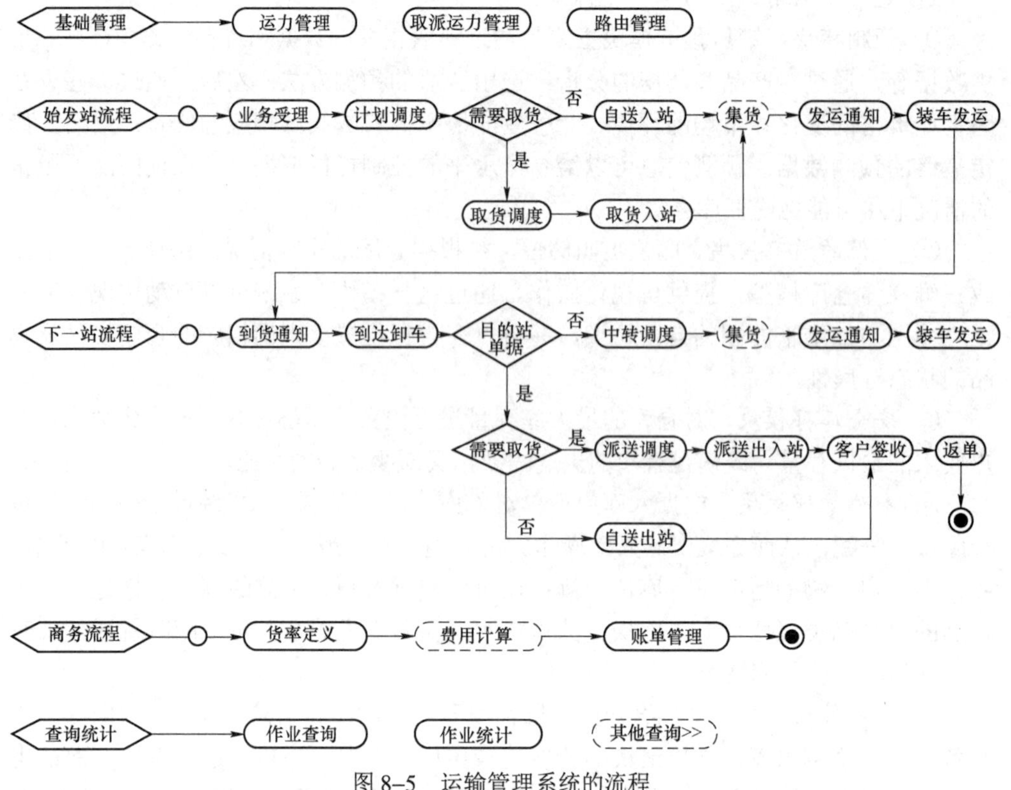

图 8–5　运输管理系统的流程

2）运输管理系统的主要功能模块

运输管理系统具有以下主要功能模块。

① 车辆信息模块。对运输车辆的信息进行日常的管理维护，随时了解车辆的运行状况，确保在运输任务下达时，有车辆可供调配。车辆信息主要包括车辆的一些基本属性，如载重大小、运行年限、随车人员的要求以及是否是监管车辆等。为确保车辆处于最佳运行状态，需要定期或不定期地对车辆进行维修和保养。

② 司机信息维护模块。对司机的基本信息进行管理，以便随时跟踪司机的情况，并对司机的学习情况、违章记录、事故情况、准驾证件以及其他证件进行管理；同时，可以考核驾驶员的业务素质，以保证司机队伍的稳定和发展。在司机管理中，还需要对司机的出勤情况进行管理，以便在安排任务时可以自动判断司机在任务当日是否能够正常地出勤、是否有其他情况影响其担当此任务。

③ 运输业务登记模块。登记客户需要运输的货物信息，以便合理地安排运输计划。

④ 运输计划安排模块。根据客户的要求安排运输计划，如客户的一笔业务可以安排一次运输计划，也可以安排几次运输计划，这就需要根据实际情况做出合理的安排。运输任务的大小、客户时间要求的限制等，都是安排运输计划所要考虑的因素。

⑤ 运输单据模块。记录运输的单据信息，以作为数据统计分析的基础，并保存

或传输运单等单据信息，例如，司机把货物送至目的地并驾车回场后，将客户收货确认凭证带回，输入本次执行任务后的一些信息，如行程、油耗、台班数、货物有无损坏和遗失，以及是否准点到达等，这些数据将作为数据统计分析的基础。

⑥ 查询与报表模块。通过运用查询与报表模块，可以知道各种车辆运营情况、派车情况并进行分析。

⑦ 车辆跟踪模块。车辆跟踪模块可以使企业或客户更好地掌握货物运输信息。

3. 配送管理系统

配送管理系统主要指利用计算机网络、通信等现代信息技术，对配送活动中的集货、分拣、配货、配载、配送、送达、加工、反馈等物流活动进行有效管理的人机交互系统。配送管理系统主要用于向各配送点提供配送信息，根据订货查询库存及配送能力，发出配送指令，发出结算指令及发货通知，汇总及反馈配送信息。它可以大幅度地简化物流的环节，提高运输效率，降低运输成本，最终提高物流的综合效益。

高效率、高质量的配送管理对物流企业来说至关重要。配送管理系统的功能结构如图 8-6 所示。

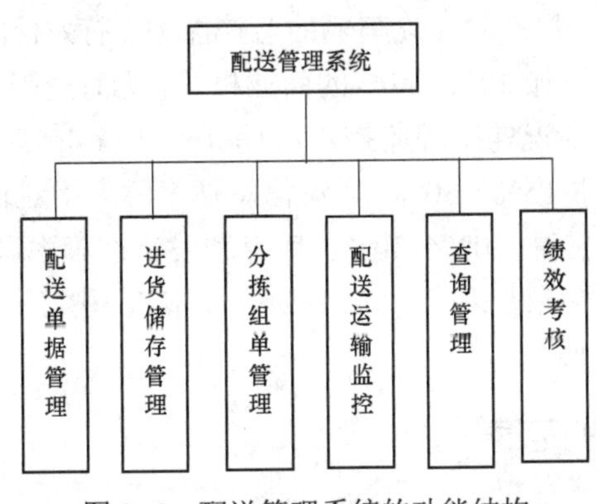

图 8–6　配送管理系统的功能结构

任务 8.4　熟悉物流信息技术

8.4.1　物流信息技术的概念

《物流术语》（GB/T 18354—2021）将物流技术（logistics technology）定义为：物流活动中所采用的自然科学与社会科学方面的理论、方法，以及设施、设备、装置与工艺的总称。而将物流信息技术（logistics information technology）定义为：以计算机和现代通信技术为主要手段实现对物流各环节中信息的获取、处理、传递和利用等功能的技术总称。因此，物流信息技术就是指现代信息技术在物流各个作业环节中的应用，是物流现代化的重要标志。物流信息技术也是物流技术中发展最快的领域，从数据采集的条码系统，到办公自动化系统中的微型计算机、互联网、各种终端设备等硬件以及计算机软件都在日新月异地发展。同时，随着物流信息技术的不断发展，产生了一系列新的物流理念和物流经营方式，推进了物流的变革。

1. 物流信息技术的组成

物流信息技术主要由通信、软件、面向行业的业务管理系统三大部分组成，包括以各种通信方式为基础的移动通信手段、全球卫星定位技术、GIS 地理信息技术、大数据、自动化仓储管理技术、条码技术、射频识别技术、信息交换技术等现代尖端科技。在这些尖端科技的支撑下，形成以移动通信资源管理、监控调度管理、自动化仓储管理、业务管理、客户服务管理、财务管理等多种信息技术集成为基础的一体化现代物流管理体系。譬如，运用 GIS 地理信息系统和全球卫星定位技术，用户可以随时“看到”自己的货物状态，包括运输货物车辆所在位置、货物名称、数量、重量等，大大提高了监控的“透明度”。如果需要临时变更线路，也可以随时指挥调动，大大降低货物的空载率，做到资源的最佳配置。

2. 物流信息技术的应用

据国外数据统计，物流信息技术的应用，可以为传统的运输企业带来明显实效：降低空载率 15%～20%；提高对在途车辆的监控能力，有效保障货物安全；网上货运信息发布及网上下单可增加 20%～30%的商业机会；无时空限制的客户查询功能，有效满足客户对货物在途情况的跟踪监控，可提高业务量 40%；对各种资源的合理综合利用，可减少运营成本 15%～30%。物流信息技术的应用对传统仓储企业带来的实效表现在：配载能力可提高 20%～30%；库存和发货准确率可超过 99%；数据输入误差减少，库存和短缺损耗减少；可降低劳动力成本约 50%，提高生产力 30%～40%，提高仓库空间利用率 20%。

8.4.2 物流信息技术的范畴

根据现代物流的功能及特点，物流信息技术主要包括条码技术、射频识别技术、全球导航卫星系统、地理信息系统、电子数据交换技术、数据库技术、Web 技术、物联网、大数据、云计算、区块链等。

1. 典型物流信息技术

1）条码技术

条码（bar code）技术是 20 世纪在计算机应用中产生和发展起来的一种自动识别技术，是集条码理论、光电技术、计算机技术、通信技术、条码印制技术于一体的综合性技术。条码技术是物流自动跟踪的最有力工具，被广泛应用。条码技术具有制作简单、信息收集速度快、准确率高、信息量大、成本低和条码设备方便易用等优点，在从生产到销售的流通转移过程中，起到了准确识别物品信息和快速跟踪物品历程的重要作用，是整个物流信息管理工作的基础。条码技术在数据采集、快速响应、运输中的应用极大地促进了物流业的发展。

2）射频识别技术

射频识别技术也称无线射频识别技术（radio frequency identification，RFID），它是从 20 世纪 90 年代兴起的一项非接触式自动识别技术。它利用无线射频方式在阅读器与标签之间进行非接触式的双向通信，达到识别目标的目的。射频识别技术的优点是：

① 应用便利，无机械磨损，寿命长，无需可见光源，穿透性好，抗污染能力强。

② 对环境要求低，可以在恶劣环境下工作。

③ 读取距离远，无须与目标接触就可以得到数据。

④ 支持写入数据，无须重新制作新的标签，可重复使用。

⑤ 使用了防冲撞技术，能够识别高速运动的物体，可同时识别多个射频卡。

射频识别技术适用的领域包括物料跟踪、运载工具和货架识别等要求非接触数据采集和交换的场合，对于要求频繁改变数据内容的场合尤为适用。

3）全球导航卫星系统

全球导航卫星系统（global navigation satellite system，GNSS）是能在地球表面或近地空间的任何地点为用户提供全天候的三维坐标和速度以及时间信息的空基无线电导航定位系统，包含了美国的 GPS、俄罗斯的 GLONASS、中国的 BeiDou（北斗）、欧盟的 Galileo 系统。

使用 GNSS，可以利用卫星对物流及车辆运行情况进行实时监控，可以实现物流调度的即时接单和即时排单，以及车辆动态实时调度管理。同时，客户经授权后也可以通过互联网随时监控运送自己货物的车辆的具体位置。如果货物运输需要临时变更线路，也可以动态指挥，大大降低了货车的空载率，做到了资源的最佳配置。

全球导航卫星系统在物流方面的应用，主要包括：

① 陆地应用，如车辆自主导航系统、车辆跟踪监控系统、车辆智能信息系统、车联网应用系统、铁路运营监控系统等；

② 航海应用，如远洋运输系统、内河航运系统、船舶停泊与入坞系统等；

③ 航空应用，如航路导航系统、机场场面监控系统等。

4）地理信息系统

地理信息系统（geographic information system，GIS）是人类在生产实践活动中，为描述和处理相关地理信息而逐渐产生的计算机系统。它以计算机为工具，对具有地理特征的空间数据进行处理，能以一个空间信息为主线，将其他各种与其有关的空间位置信息结合起来。它的诞生改变了传统的数据处理方式，使信息处理由数值领域步入空间领域。GIS 与物流各环节的可视化功能相结合，可实现物流站点分布、物流线路轨迹等的可视化查询，能有效提升物流运输效率，降低物流管理成本，优化物流环节，促进智慧物流的建设和发展。

5）电子数据交换技术

电子数据交换技术包括 EDI 和 XML 技术。

① EDI 技术。电子数据交换（electronic data interchange，EDI）是按照协议的标准结构格式，将标准的经济信息，通过电子数据通信网络，在商业伙伴的电子计算

机系统之间进行交换和自动处理。电子数据交换（EDI）是商业贸易伙伴之间，将按标准、协议规范化和格式化的信息通过电子方式，在计算机系统之间进行自动交换和处理。

一般来讲，EDI 具有以下特点：使用对象是不同的计算机系统；传送的资料是业务资料；采用共同的标准化结构数据格式；尽量避免介入人工操作；可以与用户计算机系统的数据库进行平滑连接，直接访问数据库或从数据库生成 EDI 报文等。

EDI 的基础是信息，这些信息可以由人工输入计算机，但更好的方法是通过采用条码和射频标签快速准确地获得数据信息。

② XML 技术。在电子商务的发展过程中，传统的 EDI 作为主要的数据交换方式，对数据的标准化起到了重要的作用。但是，传统的 EDI 有着相当大的局限性，比如 EDI 需要专用网络和专用程序，EDI 的数据人工难以识读等。为此，人们开始使用基于 Internet 的电子数据交换技术——XML 技术。

XML 出现以来，以其可扩展性、自描述性等优点，被誉为信息标准化过程的有力工具，基于 XML 的标准将成为以后信息标准的主流，甚至有人提出了 eXe 的电子商务模式（e 即 enterprise，指企业，而 X 则就指的是 XML）。XML 的最大优势之一就在于其可扩展性，可扩展性克服了 HTML 固有的局限性，并使互联网一些新的应用成为可能。

6）数据库技术

数据库技术将信息系统中大量的数据按一定的结构模型组织起来，提供存储、维护、检索数据的功能，使信息系统可方便、及时、准确地从数据库中获得所需的信息，并将其作为行为和决策的依据。现代物流信息量大而复杂，如果没有数据库技术的有效支持，物流信息系统将根本无法运作，更不用说为企业提供信息分析和决策帮助。

7）Web 技术

Web 技术是网络社会中具有突破性变革的技术，是 Internet 上最受欢迎、最为流行的技术。它采用超文本、超媒体的方式进行信息的存储与传递，能把各种信息资源有机地结合起来，是具有图文并茂的信息集成能力及超文本链接能力的信息检索服务程序。Web 页面的描述由超文本标记语言（HTML）发展为可扩展的标记语言（XML），使得在 Internet 上可以方便地对物流行业的数据进行定义，而基于 Web 技术开发的物流管理系统对于提高物流效率、降低物流成本有重要意义。

2. 物流信息技术新发展

物流信息技术有了一些新发展，具体表现在以下几方面。

1）物联网

物联网（Internet of things，IoT）是指通过信息传感设备，按约定的协议，将任何物体与网络相连接，物体通过信息传播媒介进行信息交换和通信，以实现智能化识别、定位、跟踪、监管等功能。物联网中的“物”，即物品。物品编码是物联网的基础，通过对物品进行编码，实现物品的数字化。物联网是信息科技产业的第三次革命，据中国互联网协会发布的《中国互联网发展报告（2021）》，我国 2021 年物联

网市场规模达 1.7 万亿元，人工智能市场规模达 3 031 亿元。在智能仓储领域，京东、菜鸟、苏宁等不断升级的仓储系统，均是物联网的应用体现。在智能配送及整个供应链上，依靠物联网技术，可实现物流过程可视化、产品可追溯管理，以及智能配送，为智慧物流奠定基础。

2）大数据

大数据（big data）是指无法在一定时间范围内用常规软件工具进行捕捉、管理和处理的数据集合，是需要新处理模式才能具有更强的决策力、洞察发现力和流程优化能力的海量、高增长率和多样化的信息资产。国家数据中心（IDC）定义大数据为：大数据技术描述是一个技术和体系的新时代，被设计用于从大规模、多样化的数据中通过高速捕获、发现和分析技术提取数据的价值。大数据的特点有大量、高速、多样、价值、真实性、可变性、复杂性。

大数据是未来全球经济发展新动能已成为行业共识，特别是在我国高度重视大数据发展的情况下，加速推进数字产业化和产业数字化，以大数据作为生产要素的基础性、战略性资源作用愈发凸显。以顺丰控股股份有限公司为例，通过科技赋能，不但构建了完整的大数据生态系统，而且还推出了大数据平台、数据灯塔等细分产品。

大数据可以全面管理物流的每个环节，对收件、派件、时间维度、空间维度进行精准记录，让每一票快件都有迹可循，帮助快递工作者实现精细化、智能化排班及实时调度分配等，并且通过件量预测、分仓管理、路线规划等数据分析，让件量预测精准度达到单个派送网点、单个收派员的维度，从而降低行业成本，大幅提升物流效率，实现物流领域的全面数字化管理和智慧决策。

3）云计算

云计算（cloud computing）是分布式计算的一种，指的是通过网络“云”将巨大的数据计算处理程序分解成无数个小程序，然后通过由多台服务器组成的系统处理和分析这些小程序，并将得到的结果返回给用户。因此，云计算又称为网格计算。通过云计算，可以在很短的时间内完成对数以万计的数据的处理，从而提供优质、高校的网络服务。云计算的优势与特点为：虚拟化技术、动态可扩展、按需部署、灵活性高、可靠性高、性价比高、可扩展性强。云计算的服务类型分为三种，即基础设施即服务（IaaS）、平台即服务（PaaS）和软件即服务（SaaS）。

云计算非常适合复杂多变的环境，有助于实现各种以“物流即服务”为基础的新业务模式。例如，物流提供商可以用按次付费的方式，根据需要定制模块化的云服务，无须投资开发传统的固定容量 IT 基础架构，也无须支付设置和维护成本，就能获得扩展性极强的服务和管理功能。近年来，物流提供商已经开始使用云物流来为创新供应链解决方案提供快速、高效、灵活的 IT 服务。目前，超过 50%的物流提供商使用云服务，另有 20%的物流提供商计划将在近期这样做。展望未来，基于网络的开放式 API 将成为模块化按需云物流服务的基础，边缘计算将利用离数据更近的计算优势来不断强化云物流（cloud logistics）；模块化的云物流平台可以让企业获得灵活、可配置的按需物流 IT 服务，而且这些服务可以轻松集成到供应链流程中；云端运输管理系统可以把订单、计费和货况追踪服务整合到统一平台中。

4）区块链

区块链就是把加密数据（区块）按照时间顺序进行叠加（链）生成的永久、不可逆向修改的记录。某种意义上说，区块链技术是互联网时代一种新的“信息传递”技术。区块链作为分布式数据存储、点对点传输、共识机制、加密算法等技术的集成应用，被认为是继大型机、个人计算机、互联网之后计算模式的颠覆式创新，很可能在全球范围引起一场新的技术革新和产业变革。

在物流领域，区块链既可以用于流程优化、供应链协同，还可以用于征信等，具体表现如下：

① 流程优化。通过区块链网络实现物流与供应链各环节凭证签收无纸化，将单据流转及电子签收过程写入区块链存证，实现交易过程中的信息流与单据流一致，为计费提供真实、准确的运营数据。

② 供应链协同。通过区块链网络将供应链上下游核心企业、供应商、经销商等进行网联，各参与方共同维护一个共享账本，让数据在各方共享和流转，保证供应链上所有企业都能够可信、高效地同步数据，从而可靠地掌握上下游企业情况、建立交易关系、跟踪交易进程，让多方数据更安全、更高效地实时共享，并有助于降低欺诈和错误的风险，降低企业管理成本。

③ 征信。通过区块链网络收集物流与供应链各环节的可信数据（如交易信息、结算信息、服务评分、物流时效等），并通过区块链网络的多方交叉验证，确保数据的真实性；再通过行业标准评级算法，利用智能合约自动计算企业/个人的征信评级，并将评级结果写入区块链，在有效保护数据隐私的基础上实现有限度、可管控的信用数据共享和验证，为行业提供高信任度的物流与供应链征信服务。

④ 电子存证。通过区块链网络让物流与供应链各环节电子数据的生成、存储、传播和使用全流程可信，用户可以直接通过程序将操作行为全程记录于区块链，比如可在线提交电子合同，查看维权过程、服务流程明细等电子证据。

⑤ 物流与供应链金融。通过区块链网络将物流与供应链金融链条中各参与主体（资金方、供应商方、核心企业、经销商、监管方、物流方等）进行网联，并将线下交易场景中的资产（如仓单、应收账款等）数字化后上链，上链后实现数字资产化，区块链网络的可信机制能有效地实现资产价值化，进而让数字资产实现多级穿透式拆分流转，让核心企业的信用穿透到供应链两端的中小微企业，解决中小微企业融资难、融资贵等的问题。

⑥ 物流跟踪与商品溯源。通过区块链网络可让物流与供应链各环节中的商品实现从源头到生产再到运输直至交付的全程追溯。时间戳、共识机制等技术手段保证的数据不可篡改和追本溯源等功能，给供应链溯源提供了技术支持，同时区块链将监管和消费者纳入监督体系，实现了三方监管，保证了供应链流程透明，打破了传统的信息孤岛。

8.4.3 物流信息化和标准化

1. 物流信息化

物流信息技术的普及应用与快速发展，加上新业态的不断涌现，导致现代物流

行业的信息化能力越来越高。国家十四五规划纲要的正式发布，将现代物流业提到新的高度；其中 20 处提到物流，13 处提到供应链，为现代物流发展和供应链创新指明了方向。2021 年 12 月 13 日，《“十四五” 冷链物流发展规划》正式出台，提出到 2035 年全面建成现代冷链物流体系。数字经济深刻影响行业，习近平总书记在第二届联合国全球可持续交通大会上提出，要大力发展智慧交通和智慧物流，实现人享其行、物畅其流。

随着企业对数字经济和一体化经济的融入，物流企业对物流信息系统的服务要求也发生着深刻的变化，从简单的传统物流服务需求向更高层次的供应链管理发展，物流越来越成为企业生产、经营活动不可分割的重要内容。物流信息化总体发展趋势如图 8–7 所示。

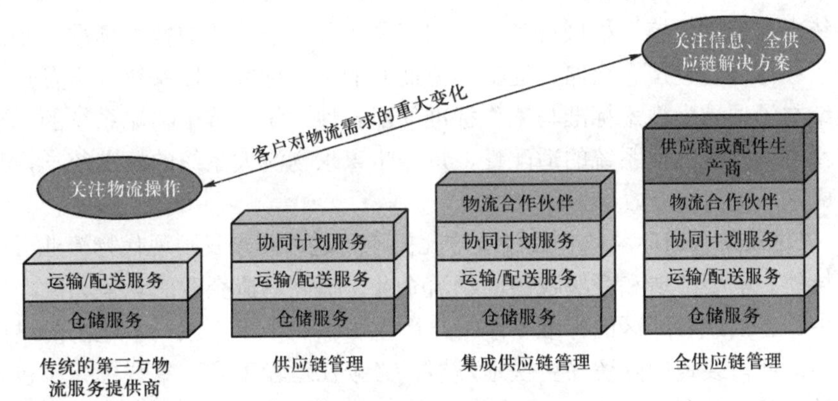

图 8–7　物流信息化总体发展趋势

2. 物流标准化

1）物流标准化概述

物流标准化是为物流活动制定统一标准并实施的整个过程。物流标准化的相关工作归口于全国物流标准化技术委员会（以下简称物流标委会）。物流标委会成立于 2003 年，是经国家标准化管理委员会批准成立的、由国家标准化管理委员会直属管理、在物流领域内从事全国性标准化工作的技术组织（编号：SAC/TC 269），秘书处设在中国物流与采购联合会，主要负责物流基础、物流技术、物流管理和物流服务等标准化技术工作。物流标委会下设六个分技术委员会、五个标准化工作组。根据中国物流与采购联合会和物流标委会在 2021 年 8 月颁布的《物流标准目录手册（2021 版）》，截至 2021 年 6 月底，我国已颁布的现行物流国家标准、行业标准目录共计 1 196 个；按其内容分为基础性标准、公共类标准、专业类标准和标准化指导性文件四大部分。

2）物流标准化的作用

① 实现物流管理的科学性。物料从商品的原料供应、产品生产、经市场流通到消费环节到回收再生，是一个综合的大系统。随着社会分工日益细化，物流系统也开始变得高度社会化，只有在物流系统的各个环节制定标准，并严格贯彻执行，才

能实现整个物流系统的高度协调统一，提高物流系统的管理水平。物流标准化为物流管理提供了明确的管理目标，设立了规范化的物流管理流程，并保证了物流系统各环节的技术衔接和协调，实现了整个物流大系统的高度协调统一，从而提高管理的科学性。

② *规范物流企业服务质量*。物流新业态的不断涌现使物流企业参差不齐，从而影响了物流业的健康发展。建立与物流业相关的国家标准，对已进入物流市场和即将进入物流市场的企业进行规范化、标准化管理，是确保现代物流业稳步发展的前提条件。物流活动的根本任务是将企业生产的合格产品保质保量并及时地送到用户手中。物流标准化对运输、包装、装卸、搬运、仓储、配送等各个子系统都制定了相应标准，形成了物流服务质量保证体系。

③ *降低物流成本，提高物流效率*。物流标准化是把整个物流看作一个大系统，制定系统内部基础设施、机械设备、专用工具等各个子系统的技术标准，制定系统内各个子领域（如包装、仓储、运输等方面）的工作标准；以系统为出发点，研究各子系统与子领域中技术标准与工作标准的配合性，统一整个物流系统的标准；研究物流系统与相关其他系统的适配性，进一步谋求物流大系统的标准统一，从而降低物流成本，提高物流效率。

④ *促进物流与国际接轨*。经济全球化的不可逆，要求我国现代物流业必须全面与国际接轨。需要改造和升级我国的物流企业，提高物流企业的竞争力。在国际经济交往中，各国或各地区的标准不统一，严重影响一个国家或一个地区的进出口贸易发展。因此，要使国际贸易更快地发展，必须在运输工具、集装单元、包装、装卸、仓储、信息编码，甚至资金结算等方面广泛采用国际标准，只有实现国际物流标准统一化，才有利于开拓国际物流市场，促进国际贸易的发展。

⑤ *提高物流技术水平*。物流标准化有利于物流企业在设施设备、运输工具、配送、包装、装卸、搬运、仓储等方面对接国际标准，开展国际交流与合作，也便于与国外的物流设施、设备、机具配合运用，使流通加工、运输、装卸、搬运、仓储等物流运作实现一体化，从而提高物流技术水平。

⑥ *保障货物的安全*。在制定物流标准时，大多涉及合理利用资源、保障人身健康和财产安全的问题。随着大量环保标准、卫生标准、安全标准的制定与发布，用法律形式强制执行，对合理利用和保护资源、保障人身健康和货物安全具有重要的作用。

课后任务

工作任务

学习记录

一、术语解释

物品编码

自动识别技术

物流标签

物流系统仿真

销售时点系统

二、单选题

1.（　　）的出现，较好地解决了"四流合一"的难题。

A. 物流信息技术　　B. 区块链技术

C. 工程科学技术　　D. 创新技术

2. 以下不属于物流信息特点的是（　　）。

A. 来源多样化　　B. 信息量大

C. 更新慢　　D. 趋于标准化

3.（　　）是物流作业的灵魂。

A. 物流信息　　B. 物流运输

C. 物流配送　　D. 物流成本

4.（　　）是物流活动的基础，是最初的信息源。

A. 作业信息　　B. 库存信息

C. 基础信息　　D. 到货信息

5. 下列不属于物流信息系统功能的是（　　）。

A. 数据收集　　B. 信息存储

C. 信息处理　　D. 信息导入

6.（　　）是指在经济合理的区域范围内，第三方物流企业根据用户要求进行备货、配货及送货等作业。

A. 配送管理　　B. 运输管理

C. 订单管理　　D. 库存管理

7.（　　）是物联网的基础。

A. 物品信息　　B. 物品编码

C. 物品储存　　D. 互联网

8.（　　）不属于区块链在物流领域的应用。

A. 物流跟踪与商品溯源

B. 供应链协同

C. 电子存证

D. 跨区域调拨

9.（　　）为物流管理提供了明确的管理目标，设立了规范化的物流管理流程。

A. 物流信息化　　B. 物流标准化

C. 物流统一化　　D. 物流流程化

10.（　　）的根本任务是将企业生产的合格产品保质保量非及时地送到用户手中。

A. 物流活动　　B. 运输活动

C. 配送活动　　D. 生产活动

三、多选题

1. 物流信息可以分为（　　）和（　　）两种。

A. 整合物流信息　　B. 狭义物流信息

C. 消费　　D. 广义物流信息

2. 物流信息对（　　）等物流活动具有支持、保证的功能。

A. 运输管理　　B. 库存管理

C. 订单管理　　D. 仓库管理

3.（　　）常常称为流通过程的“四流”。

A. 商流　　B. 数据流

C. 物流　　D. 信息流

E. 资金流

4. 物流信息对物流活动具有（　　）的作用。

A. 支持作用

B. 保障作用

C. 调节作用

D. 连接整合物流系统活动并使其效率化

5. 物流信息有助于企业对物流活动各环节进行有效的（　　）。

A. 计划　　B. 组织

C. 协调　　D. 控制

6. 物流信息有助于（　　）的提高。

A. 运行能力　　B. 物流管理

C. 决策水平　　D. 物流运输

7. 动态信息的处理关键是信息（　　）等。

A. 利用　　B. 搜集

C. 存储　　D. 加工

学习记录

四、判断题

1. 现代物流如何实现“四流合一”，既是管理问题，又是技术问题。（　　）

2. 广义物流信息中不包含狭义物流信息。（　　）

3. 公路运输具有长距离、大批量的客货运输特点。（　　）

4. 物流系统不是各个独立活动的简单组合，而是通过信息进行有机联系和密切融合。（　　）

5. 一般情况下，企业外部信息的稳定程度较低。（　　）

6. 按作用层次的不同，物流信息可以分为原始信息和加工信息。（　　）

7. 仓库管理系统中，对发生的实际费用，经过客户确认后，还可以再修改和删除。（　　）

8. 配送管理系统可以大幅度地简化物流的环节，提高运输效率，降低运输成本，最终提高物流的综合效益。（　　）

9. 物流信息技术是物流技术中发展最快的领域。（　　）

10. 射频识别技术是从20世纪90年代兴起的一项接触式自动识别技术。（　　）

五、简答题

1. 请简述运输管理系统的主要功能模块。
2. 请简述仓库管理系统的主要功能模块。
3. 请简述物流信息的作用。
4. 请简述物流信息系统的功能。
5. 请简述物流标准化的作用。

评价与分析

以小组为单位，展示本组成果，根据以下评分标准进行评分。

评　分　表

班级		姓名		学号		日期	
序号	评价内容	评价标准		分值	评分		
					自我评价（20%）	组间评价（30%）	教师评价（50%）
1	自我学习能力	1. 能进行时间管理。 2. 能选择适合自己的学习和工作方式。 3. 能随时修订计划并进行意外处理。 4. 能将已经学到的东西用于新的工作任务		10			
2	信息收集能力	1. 能根据不同需要去搜寻、获取并选择物流信息。 2. 能筛选物流信息，并进行物流分类。 3. 能使用多媒体等手段来展示信息		10			
3	市场洞察能力	1. 能从市场获取相关物流信息。 2. 能依据收集的信息，做简单的市场分析。 3. 能根据物流理论对市场信息进行分析		10			
4	与人交流能力	1. 能把握交流的主题、时机和方式。 2. 能理解对方谈话的内容，准确地表达自己的观点。 3. 能获取信息并反馈信息		10			
5	与人合作能力	1. 能挖掘合作资源，明确自己在合作中的作用。 2. 能同合作者进行有效沟通，理解个性差异及文化差异		10			
6	解决问题能力	1. 能说明何时出现问题并指出其主要特征。 2. 能制订解决问题的计划并组织实施。 3. 能对解决问题的方法适时地做出总结和修改		10			

续表

<table>
<tr><th rowspan="2">序号</th><th rowspan="2">评价内容</th><th rowspan="2">评价标准</th><th rowspan="2">分值</th><th colspan="3">评分</th></tr>
<tr><th>自我评价（20%）</th><th>组间评价（30%）</th><th>教师评价（50%）</th></tr>
<tr><td>7</td><td>革新创新能力</td><td>1. 能发现事物的不足并提出改进措施。
2. 能创新性地提出改进意见和具体的改进方法。
3. 能从多种方案中选择最佳方案，在现有条件下进行实施</td><td>10</td><td></td><td></td><td></td></tr>
<tr><td>8</td><td>物流信息知识掌握程度</td><td>1. 物流信息的特点。
2. 物流信息的作用。
3. 物流信息的分类</td><td>10</td><td></td><td></td><td></td></tr>
<tr><td>9</td><td>物流信息系统知识掌握程度</td><td>1. 物流信息系统的概念。
2. 物流信息系统的功能。
3. 物流信息系统的基本特征。
4. 物流信息系统的分类</td><td>10</td><td></td><td></td><td></td></tr>
<tr><td>10</td><td>物流信息技术知识掌握程度</td><td>1. 物流信息技术的概念。
2. 物流信息技术的范畴。
3. 物流信息化和标准化</td><td>10</td><td></td><td></td><td></td></tr>
<tr><td colspan="3">总分</td><td>100</td><td></td><td></td><td></td></tr>
<tr><td>评价</td><td colspan="6"></td></tr>
</table>

单元评估

职业核心能力测评表

（在□中打√，A 通过，B 基本通过，C 未通过）

职业核心能力	评 估 标 准	自测结果
自我学习能力	1. 能进行时间管理。	□A □B □C
	2. 能选择适合自己的学习和工作方式。	□A □B □C
	3. 能根据进展修订计划并进行意外处理。	□A □B □C
	4. 能将已经学到的东西用于新的工作任务	□A □B □C
信息收集能力	1. 能根据不同需要去搜寻、获取并选择物流信息。	□A □B □C
	2. 能筛选物流信息，并进行物流分类。	□A □B □C
	3. 能使用多媒体等手段来展示信息	□A □B □C
市场洞察能力	1. 能从市场获取相关物流信息。	□A □B □C
	2. 能依据收集的信息，做简单的市场分析。	□A □B □C
	3. 能根据物流理论对市场信息进行分析	□A □B □C
与人交流能力	1. 能把握交流的主题、时机和方式。	□A □B □C
	2. 能理解对方谈话的内容，准确地表达自己的观点。	□A □B □C
	3. 能获取信息并反馈信息	□A □B □C
与人合作能力	1. 能挖掘合作资源，明确自己在合作中的作用。	□A □B □C
	2. 能同合作者进行有效沟通，理解个性差异及文化差异	□A □B □C
解决问题能力	1. 能说明何时出现问题并指出其主要特征。	□A □B □C
	2. 能制订解决问题的计划并组织实施。	□A □B □C
	3. 能对解决问题的方法适时地做出总结和修改	□A □B □C
革新创新能力	1. 能发现事物的不足并提出改进措施。	□A □B □C
	2. 能创新性地提出改进意见和具体的改进方法。	□A □B □C
	3. 能从多种方案中选择最佳方案，在现有条件下进行实施	□A □B □C
学生签字：	教师签字：	20 年 月 日

专业能力测评表

（在□中打√，A 掌握，B 基本掌握，C 未掌握）

专业能力	评价指标	自测结果	备注
物流信息	1. 物流信息的特点。 2. 物流信息的作用。 3. 物流信息的分类	□A　□B　□C □A　□B　□C □A　□B　□C	
物流信息系统	1. 物流信息系统的概念。 2. 物流信息系统的功能。 3. 物流信息系统的基本特征。 4. 物流信息系统的分类	□A　□B　□C □A　□B　□C □A　□B　□C □A　□B　□C	
物流信息技术	1. 物流信息技术的概念。 2. 物流信息技术的范畴。 3. 物流信息化和标准化	□A　□B　□C □A　□B　□C □A　□B　□C	
教师评语：			
成绩		教师签字	

参 考 文 献

[1] 宋炜. 美国物流业态发展轨迹及启示[J]. 军工文化，2014（9）：66-69.
[2] 施晓虹. “物流”的起源与变迁[J]. 语文建设，2003（12）：39.
[3] 王之泰. 也谈黑大陆与物流冰山[J]. 中国储运，2012（5）：31.
[4] 王之泰. 德鲁克与“黑大陆”[J]. 中国储运，2016（8）：41.
[5] 王之泰. 漫谈物流“第三利润源”[J]. 中国储运，2018（6）：35.
[6] 谢庆红，曾国平. 物流“效益背反”陷阱的产生及对策[J]. 科技管理研究，2005，25（9）：257–258.
[7] 秦小丽. 基于效益背反理论的第三方物流企业物流成本控制研究[J]. 物流技术，2015，34（6）：61–63.
[8] 达庆利，张钦，沈厚才. 供应链中牛鞭效应问题研究[J]. 管理科学学报，2003，6（3）：86–93.
[9] 邱渡军. 物流基础[M]. 北京：高等教育出版社，2019.
[10] 孙秋菊. 现代物流概论[M]. 3 版. 北京：高等教育出版社，2020.
[11] 吴砚峰. 物流信息技术[M]. 4 版. 北京：高等教育出版社，2021.
[12] 段圣贤，朱华军. 现代物流概论[M]. 3 版. 北京：电子工业出版社，2020.
[13] 吴理门，李方峻. 我国物流业态演进及创新路线图研究[J]. 物流工程与管理，2014（9）：14–16.
[14] 陶君成，徐青青. 我国物流发展的业态结构及升级路径研究[J]. 中国流通经济，2013，27（19）：23–27.
[15] 徐扬. 物流业态及演进问题研究：基于中、微观视角结合的系统分析[D]. 北京：北京交通大学，2012.
[16] 宋文官. 物流基础[M]. 4 版. 北京：高等教育出版社，2014.
[17] 仪玉莉. 运输管理[M]. 2 版. 北京：高等教育出版社，2014.
[18] 陈赛花，吴晓山. 供应链视域下农产品流通利润分析[J]. 商业经济研究，2020（15）：121–124.

附录 A　本书配套视频清单

项目 1　解读现代物流

视频 1-1　牛鞭效应
视频 1-2　医药物流
视频 1-3　冷链物流

项目 2　走进流通加工

视频 2-1　果蔬分选品控
视频 2-3　果蔬分拣装箱
视频 2-4　自动化分拣

项目 3　知晓装卸搬运

视频 3-1　装货流程
视频 3-2　卸货检查
视频 3-3　卸载操作注意事项

项目 4　感受物流包装

视频 4-1　瓦楞纸箱
视频 4-2　水果蔬菜运输缓冲包装案例
视频 4-3　集装箱知识

项目 5　体验物流储存

视频 5-1　面包自动化立体仓库
视频 5-2　智慧仓储管理
视频 5-3　库存管理

项目 6　清楚物流配送

视频 6-1　配送流程
视频 6-2　冷链物流配送中心
视频 6-3　生鲜配送

项目 7　摸透物流运输

视频 7-1　水路运输
视频 7-2　铁路运输
视频 7-3　鲜花航空运输
视频 7-4　多式联运介绍

项目 8　处理物流信息

视频 8-1　射频识别技术
视频 8-2　“5G+北斗+无人驾驶”智慧港口 2.0 示范区现场实船作业
视频 8-3　物联网（IoT）在物流行业中的应用